죽을 때까지

숨길 것.

숨기지
못한다면

죽일 것.

각본집

길복순

차례

감독의 말

"넌 그래서 꿈이 뭐냐."

스물아홉 살. 첫 장편 영화 〈청춘 그루브〉를 시작할 때, 별로 좋아하지 않던 어른이 물었다. 별생각 없었다. 장편 영화 다섯 개 찍는 거라고 대충 둘러댔고, 그게 입버릇이 되어 어느새 진짜 목표가 되었다. 〈길복순〉은 내 다섯 번째 장편 영화다.

영화를 찍으려면 우선 글이 있어야 한다. 게으름뱅이 입장에서 얘기하건대, 글을 쓰기 위해 노트북을 열기까지는 엄청난 용기와 대담한 결단이 필요하다. 이 용기와 결단은 동기 없이 쉽사리 발현되지 않는다. 〈청춘 그루브〉 〈나의 PS 파트너〉는 공모전 당선이라는 금전적 동기가, 〈불한당〉 〈킹메이커〉는 찍고 싶은 그림과 하고 싶은 이야기가 동기가 되었다. 그렇게 네 번째 글 작업이 끝이 나고 아무런 동기 부여 없이 막막한 백수 라이프를 즐기던 와중에 설경구 선배님을 통해 전도연 선배님을 소개받았다. 영화를 시작하기 전부터 내 마음속 일등 배우. 이젠 동기가 생겼고 노트북을 다시 열 때가 왔다. 허나 쉽사리 노트북은 열리지 않았다. 내가 게을러서가 아니다. 전도연이라는 세 글자가 주는 부담은 나의 용기와 결단을 가로막기 일쑤였다.

"현모양처요."

어느 날 술자리에서 꿈에 대한 내 질문에 대한 선배님의 짧은 대답. 충무로 먹이사슬 꼭대기의 포식자가 내뱉은 이 아이러니한 한마디로 〈길복순〉을 시작할 수 있었다. 좋은 엄마가 되고 싶은 킬러 이야기. 내 지인들에게 가장 호불호가 심했던 시나리오였고 동시에 가장 치열했던 현장이었다. 그렇게 나는 내 목표였던 다섯 번째 장편 영화를 끝냈다.

목표를 이룬 소감을 묻는다면 여전히 별생각 없다. 할 일이 더 많아졌기 때문이다. 앞으로는 게으름을 이겨내고 용기와 결단을 자주 발휘해 볼 생각이다. 한 배우에게 동기를 부여받는 것은 〈길복순〉이 아마 마지막이 될 듯하다. 즐겁고 행복한 작업이었다. 마지막으로 내 꿈을 이루게 해준 전도연의 꿈에 감사한다.

PS. 요청받아서 쓰긴 했는데. 나도 뭔 소린지 모르겠다.
왜냐면 지금도 별생각이 없기 때문이다.

2023년 7월 13일 변성현

이 책에 수록된 각본은 편집 과정에서 수정되거나 삭제된 부분이 포함된 감독판 오리지널 버전이며, 최종 공개된 영화와는 내용과 순서 등이 다를 수 있습니다.

일부 한글 맞춤법에 어긋나는 표기도 최대한 원본을 따라 그대로 실었으며 문법에 맞지 않는 대사 또한 어감을 살리는 쪽으로 편집했습니다.

각본

#1

폐쇄된 한강 다리 (실내/저녁)

어두운 도로 가운데 삼각팬티 차림의 30대 후반의 남자가 눈을 감은 채 쓰러져 있다. 이레즈미 문신으로 뒤덮인 잘 빠진 근육질의 몸, 깔끔하게 넘긴 포마드 머리의 사내. 카메라가 남자의 얼굴을 가까이 비추면 기차가 다가오는 소리가 철컹철컹 들린다. 기차 소리가 커지자 정신을 차린 듯 감은 눈을 천천히 뜨는 사내. 그 위로 사내의 마음속 목소리가 들린다. (일본 사무라이 영화의 사극 톤)

사내(E) (일본어) 어디지, 여긴..? 분명 난 호텔에서 잠을 자고 있었는데...

흐릿한 사내의 시야(카메라의 시점)로 보이는 호텔 웨이트리스 유니폼을 입고 단아하게 머리를 묶은 여인의 모습. 그 여인의 뒤로 한강 다리 너머 철교에서 지하철이 지나간다. 사내가 정신을 차린 것을 보고 앞에 다가오는 여인, 그제야 초점이 또렷이 맞는다. 지나간 지하철 소리가 잦아들자, 상냥한 목소리로 입을 여는 여인, 길복순.

복순 (일본어) 손님 정신이 좀 드세요?

사내의 시선(카메라)이 한강 다리 주변을 훑는다. 폐쇄된 휑한 한강 다리. 근처에는 호텔 리무진만 한 대 서 있을 뿐이다. 사내가 나지막하고 허스키한 일본어 목소리로 입을 연다. (일본 사무라이 영화의 사극 톤)

사내 (일본어) 어이, 내가 누군지 알고 이러는 건가..?

복순 (일본어) 재일교포 2세 오다 신이치로.
한국 이름 김광일. 삼 일 전에 관광차 들어오셨죠?

사내 (일본어) 나고야에서 보냈나? 도쿄의 사카구치?
아니면.. 부산의 최사장인가?

복순 (한국어) 찾는 사람 많네.
(일본어로 상냥하게) 그러게 편하게 자연사하시려면
착하게 사셨어야죠, 손님.

복순을 바라보다 뭔가 생각난 듯 눈을 반짝이는 사내.

사내 (일본어) 아! 들어본 적이 있어! 반도에 솜씨 좋은
여자 암살자. (신이 난 듯) 소문이 사실이었구나.
이 관서의 호랑이 오다 신이치로에게 혼자 보낼
정도라면..

복순 (상냥한 얼굴로 한국어로 중얼) 하여간 야쿠자 애들
허세는..

사내 (일본어) 허세가 아니다. 사무라이의 자부심이다.

복순 (한국어) 어머, 한국말 잘 알아들으시는구나.

사내 (일본어) 근데.. 왜지? 어째서 이 오다 신이치로가
깨어날 때까지 기다린 거지?

복순 첨엔 나두 그냥 죽일까 했는데..
심경에 좀 변화가 와서요.

사내 (일본어) 긴 얘기가 아니라면 듣고 싶은데..

복순, 손목에 시계를 본다. 한숨을 쉬고 결심한 듯 입을 여는 복순.

복순 그래, 뭐. 그럼 말 편하게 할게. 나한테 딸이 하나 있어.

#2

복순의 집 거실 (낮/실내)—플래시백

복순(E) 날 닮아서 참 이쁜 친구야.
(혼잣말) 머리만 좀 기른다면 더 이쁠 텐데..

복순, 사랑스럽게 자신의 소파 옆에 앉은 딸을 바라본다. 15살 재영. 커트 머리에 다소 어른스러운 모습의 사춘기 소녀. 스마트폰을 보고 있던 재영이 복순의 시선이 느껴지자, 쓱 바라보더니 퉁명스럽게 뱉는다.

재영 뭐.
복순 아냐.. (하고는 시선을 돌려 TV를 본다)
복순(E) 애가 좀 싸가지 없긴 하지만..
아무튼 주말에 걔랑 뉴스를 보고 있었어.

깔끔한 고급 빌라 소파에 앉아 스마트폰을 보고 있는 재영과 그 옆에서 TV를 보는 복순. 소파 앞 테이블 위에는 먹다 남은 피자들과 캔맥주가 있다. TV에서는 뉴스가 나오고 있다. TV 안, 한 중년 사내가 청문회에서 의원들의 질의에 응답하고 있는 가운데 앵커의 목소리가 들린다.

앵커(E) 이번 새 국무총리 후보자로 지명된 오정식 의원의 아들 오모군의 음대 부정입학 의혹과 관련하여 오정식 의원은 혐의를 부인하고 있는 가운데 검찰은 아들 오모군을 소환하여 조사를 시작했습니다.

TV 안에는 얼굴이 모자이크 처리된 청년이 기자들에 둘러싸여 검찰청으로 들어가는 모습, 플래카드를 들고 사퇴를 요구하는 시민들의 모습 등이 보인다.

앵커(E) 야당 지지자들과 시민단체들이 오정식 의원의
임명 철회를 요구하는 가운데 여당 일각에서도..

TV를 보던 복순이 불만스러운 목소리로 입을 연다.

복순 (혼잣말) 참 사람들.. 돈 있고 빽 있음
자기 새끼 좋은 대학 보내고 싶은 건 당연한 거지..
(테이블 위의 캔맥주를 까려고 바닥에 내려와
앉으면서) 지들은 안 그럴 거 같애?

소파에 앉은 채, 스마트폰을 하던 재영이 복순을 빤히 내려본다.

복순 아니, 저게 잘했다는 게 아니라.. 부모 맘으로
그럴 수도 있다는 거지.

재영 (한숨을 쉬며 다시 핸드폰을 본다) 공정하지가
못하잖아.

복순 (웃음) 원래 사람이 하는 일은 공정하기 힘들어.

재영 (핸드폰을 내리고 따박따박) 누군가 저런 식으로
대학에 붙으면 누군가는 떨어질 거 아냐.
그게 내가 돼도 엄만 지금이랑 똑같이 얘기할 거야?

복순 ...

재영 (자리에서 일어서며) 내가 엄마면, 세상이
불공정하다고 하기보단 정당하게 경쟁하는 법을
가르칠 거야.

할 말 없는 복순의 앞을 지나 자신의 방으로 걸어가는 재영의 모습에서..

사내(E) (일본어) 훌륭한 딸이군.

#3
폐쇄된 한강 다리 (실내/저녁)

복순 (딸 칭찬에 기분 좋다) 그치? 가끔 애들한테도 배울 게 있어. (일어서며) 그래서 오늘은 공정한 경쟁을 해볼려구.

사내 (일본어) 괜찮겠나..? 후회할 텐데.

복순이 옆에 주차된 호텔 청소차 쪽으로 걸어가 트렁크에서 무언가를 꺼내 던진다. 사내 앞으로 굴러가는 단검.
낡은 칼집으로 닫혀 있는 단검. 60cm 정도 길이의 '와키자시' 검.
그 칼을 들고 일어나며 감탄하는 사내.

사내 (일본어) 요시! 그대도 사무라이로구나. 내게 의복을 다오. 그대에게 예를 갖추고 싶다.

복순 됐고, 추우면 춥다고 얘기해.

복순이 호텔 차 트렁크에서 하얀 호텔 가운을 꺼내 사내에게 던진다. 그리고는 트렁크 안을 바라보는 복순. 그 안에는 여러 가지 변장 도구, 칼, 송곳, 밧줄 등이 너저분하게 보인다.
그 안을 들여다보며 뭘 고를지 고민하는 복순.

복순 니 칼 너무 낡았던데.. 뭐 새거 줄까..?

어느새, 호텔 가운을 입고 허리띠를 멋지게 졸라매는 사내.

사내 (일본어, 피식) 하긴, 여인들은 검을 잘 모르지..
이 와키자시는 400년 전, 에도 막부 최고의
도공 아키히로의 작품이다.

사내가 자세를 잡고 칼집에서 칼을 빼자 하얀 섬광이 사내의 얼굴에 비친다.

사내 (일본어) 사무라이에게는 성배와 같은 예술품이지.

복순 사내를 빤히 바라보다 트렁크 안에서 가격표 태그가 달린 산악용 손도끼를 꺼내며..

복순 이마트에서 3만원 주고 샀어.

사내, 복순의 말에 피식한다. 마주 보는 둘 사이로 멀리서 기차가 다가오는 소리가 서서히 커진다. 소리가 점점 커지고 두 사람 사이 너머로 한강 다리 너머 철교에서 지하철이 지나가는 순간, 어느 누가 먼저라 할 것 없이 서로에게 달려든다.
날카로운 공격을 서로 가까스로 피하며 도끼와 칼이 부딪칠 때마다 불꽃이 튄다. 지하철이 지나며 카메라가 반대쪽으로 넘어가면 빠르게 지나가는 지하철 창문 프레임 틈으로 둘 간의 전투가 보인다. 마치 지하철 창문 프레임 사이로 보이는 액션이 스틸컷이 빠르게 지나가는 것처럼 보인다. 팽팽한 접전.
지하철이 화면을 다 지나면 칼과 도끼가 챙! 부딪치며 튕겨져 쓰러지는 복순. 팔에 스쳐 베어진 채 약간의 피가 난다.
복순에게 웃으며 천천히 다가가는 사내.

사내 (일본어) 자랑스러워해도 좋다. 전 열도를 뒤져봐도
이 오다 신이치로와 이 정도 합을 겨룰 자는
세 손가락 안에 꼽힐 테니.

복순 쎈 건 알겠는데.. 자꾸 니 이름 니가 부르는 거
안 챙피하니?

대답 없이 다시 숨을 고르며 자세를 취하는 오다 신이치로. 오다 신이치로를 바라보다 자신의 발 앞에 있는 물웅덩이에 비친 자신의 얼굴을 바라본다. 물웅덩이에 반사된 복순에게 달려드는 사내. 복순의 도끼질을 막으며 반격하는 사내. 신이치로가 휘두르는 칼을 힘겹게 막고 있는 복순. 그러다 도끼의 목이 신이치로가 휘두르는 칼에 날아간다. 신이치로의 칼질이 복순의 도끼를 잘라내고는 목까지 베어 버린다. 복순의 목이 피를 뿜으며 바닥으로 떨어진다. 그 순간 사내의 목소리.

사내(E) (일본어) 어이!

이때, 물웅덩이에 비쳐진 지금까지의 합은 복순이 미리 내다본 수의 상상임을 알 수 있다. 자신의 목을 한번 어루만지고는 자신의 앞에서 자세를 취하고 있는 오다 신이치로를 본다.

사내 (일본어) 계속 안 할 건가..?

복순 타임. 나 장비 좀 바꾸자.

사내 (웃으며 칼을 내린다, 일본어) 얼마든지.

복순, 다시 자신의 차 쪽으로 걸어가며 화면 밖으로 프레임 아웃. 화면 안에 홀로 남은 사내, 복순을 기다리며 자세를 새로 고쳐 잡는다. 진지한 표정의 사내. 칼을 허공에 휘두른다. 그 모습 위로 미야모토 무사시의 오륜서를 읊조리는 사내의 음성이 들린다.

사내(E) (일본어) 승부에 절대 우연이란 없다. 천 일의 연습을 '단'이라고, 만일의 연습을 '련'이라 한다.
이 '단련'이 있고 나서야..

순간 퓨슉! 소리와 함께 가슴에 총상을 입고 쓰러지는 사내.
화면 안으로 소음기가 달린 권총을 들고 들어오는 복순,
쓰러진 사내 앞에 서서 내려본다.

사내 (한국어) 씨발년..
복순 미안. (퓨슉! 한 발 더 쏜다) 마트 문 닫을 시간이라..

#4
마트 (실내/밤)

음악이 흐르며 바닥을 유려하게 구르는 카트의 바퀴가 화면 크게 보인다. 과일 진열 코너에서 새빨간 사과를 하나 집어 드는 복순.
북적거리는 마트에서 카트를 끌고 가는 복순 뒷모습에서.. 타이틀.

길복순

타이틀이 사라지면 시식 코너에 멈춰 서서 음식을 맛보는 복순.
한입 먹고는 시식 코너 아줌마에게 묻는다.

복순 으음~ 근데 이거 애들이 먹기엔 좀 맵다. 그쵸?

#5
음악 몽타주 (실내·외/밤)

— 장바구니를 조수석에 놓고 운전을 하며 고급 빌라 쪽으로 들어가는 복순.
— 외제 차가 즐비한 지하 주차장에서 장바구니를 양손에 들고 차에서 낑낑대며 내리고는 엉덩이로 차 문을 닫는 복순.
— 아파트 입구로 들어서며 이웃 주민과 인사를 나누는 복순.
— 집에 들어와 장바구니를 식탁 위에 올리고 먹다 남은 그릇들을 치운다.
— 피곤한 듯, 거실 소파에 잠시 누웠다 바로 일어나는 복순.
— 냉장고에 물건들을 정리하는 복순.
— 온실 화단에 있는 화초들을 둘러보며 점검하는 복순.
— 재영의 방에서 세탁물을 모아 들고나오는 복순.
재영의 옷가지 사이에서 담배가 툭 떨어진다. 이를 주워 드는 복순. 그 얼굴에서...

복순부(E) 제 딸 복순이가 담배를 폈습니다.

#6
옛 복순의 집 (실내/낮)—플래시백

카메라 시점으로 쭈그리고 앉아 눈을 감고 기도를 하는 한 남자, 복순의 아버지가 보인다. 90년대 경찰복을 입은 복순의 아버지가 카메라를 향해 눈을 감고 얘기한다.

복순부 아직 어린아이가 뭣도 모르고 호기심에 저지른 짓입니다.

눈을 감고 아버지를 따라 기도하는 앳된 10대 복순의 옆모습.
그 위로..

복순부(E) 제가 딸아이의 죄를 사하여 준 것 같이 저의 죄를 사하여 주십시오. 아멘.

복순 아멘.

기도가 끝나고 눈을 뜨는 복순. 복순이 눈을 뜨자, 담배 한 개비를 꺼내 카메라를 향해 내미는 복순 부. 담배를 내민 손에는 굳은 피가 묻어 있다.

복순부 받아.

앳된 복순의 정면 얼굴이 보인다. 그동안 보이지 않던 반대쪽 얼굴이 피떡으로 엉망이 되어 한쪽 눈이 감겨 있을 정도로 부풀어 있다. 그 위로 복순 부의 목소리.

복순부(E) 안 받아?

엉망인 얼굴이지만 덤덤한 표정으로 받아 드는 복순.

복순부(E) 먹어.

무표정하게 천천히 담배를 입 안에 넣는다. 인상을 참으며 담배를 씹는 복순.

복순부(E) 삼켜야지.

이를 삼키려다 결국 욱 하고 헛구역질이 올라온다.

#7

복순의 집 — 거실 (실내/밤)

세탁실에서 담배를 피우고 있는 복순. 세탁실 창틀에 레드 와인잔이 놓여 있다. 세탁기 안에는 붉은 옷감이 돌아가고 있다. 그때 삐리릭- 소리와 함께 현관문을 열고 커다란 첼로 가방을 메고 들어오는 재영. 담배를 재떨이에 비벼 끄고 나오는 복순.

복순 늦었네?

재영 첼로 끝나고 소라네서 작문 숙제하다 왔어.

재영, 집으로 들어와 놓인 사과를 한입 와그작! 깨물어 문다. 복순, 세탁실 문에 기대어 서서 사과를 오물거리는 재영을 빤히 바라본다.

복순 언제부터 폈어?

재영 …

복순 술은 몰라도 담배는 좋은 거 하나두 없어.
하지 마.

재영, 복순 너머로 세탁실에 놓인 재떨이를 바라본다. 제대로 꺼지지 않아 담배 연기가 새어 나온다. 그 위로 들리는 재영의 목소리.

재영 무단횡단하면서 교통질서 잘 지키라고 하면
그게 설득력이 있어?

재영 일어나서 방으로 들어간다. 방문 닫는 소리가 쾅! 나면 다시 테이블에서 사과를 집어 들고 와그작! 깨무는 재영과 이를 바라보는 복순의 모습. 지금까지는 복순의 상상이었다.
사과를 오물거리는 재영에게 말을 거는 복순.

복순 언제부터 폈어?

재영 ...

복순 (담배를 들어 올리며) 엄마랑 한 대 필까?

복순의 말에 빤히 엄마를 바라보는 재영.

재영 ... 쿨한 척 좀 하지 마.

먹던 사과를 접시에 내려놓고 일어나 방으로 들어가는 재영.
방문 닫히는 소리가 쾅! 하고 들린다. 상상과 같은 결과.

복순 저거 진짜 죽일까 보다..
(자리에서 일어나 재영의 방으로 빠르게 걸으며..)
길재영!!

#8

복순의 집 — 재영의 방 (실내/저녁)

방문을 확 여는 복순. 침대에서 핸드폰을 하고 있는 재영,
문이 열리자마자 바로 대답한다.

재영 (핸드폰을 보며 바로 대답) 문 세게 닫은 거 미안.
그리고 안 피울게 이제.

재영의 빠른 사과와 대답에 할 말이 없어진 복순.

복순에게 눈길도 주지 않고 핸드폰을 하고 있는 재영.
그런 재영을 빤히 바라보는 복순.

재영 .. 왜? 할 말 있어?
복순 아니.. (재영이 바닥에 팽개쳐 놓은 첼로 가방을 세워놓으며) 아, 너 엄마 옷 좀 골라줘. 낼 교육 모임 때 입을 거.
재영 (여전히 핸드폰 삼매경) 그게 무슨 교육 모임이야. 극성스러운 사립학교 엄마들 돈 자랑 자식 자랑하는 자리지.
복순 (끄덕) 맞다, 저번에 산 샤넬. 고마워 딸.

문을 닫고 나가는 복순. 재영, 그제야 핸드폰을 내리고 엄마가 나간 문 쪽을 빤히 바라본다.

#9

야외 레스토랑 (실내/낮)

커다란 화초들 사이로 지저귀는 새소리가 들리는 고급 야외 레스토랑. 마치 짜고 온 듯 가지각색 샤넬 트위드 재킷으로 맞춰 입고 나온 엄마들 사이에 역시 샤넬 재킷을 입은 복순. 홍차와 디저트로 가득 찬 원형 테이블에서 엄마들의 대화가 흘러나온다.

소라모 작년에 우리도 하와이로 갔는데 거기가 음식도 입맛에 맞고 놀기는 좋은데 이젠 그냥 한국 애들 판이야. 영어가 안 늘어.
엄마1 그래서 요즘 싱가폴 캠프로 많이들 가던데.
철우모 에유 못써. 그거야 그냥 일반 학교 애들 얘기고..

거긴 액티비티가 안 좋아.

귀를 쫑긋 세우고 엄마들의 얘기를 듣던 복순이 입을 연다.

복순 그럼 요즘은 어디가 괜찮아요?
소라모 아, 맞다. 재영이네는 이번 여름엔 왜 안 갔지?
복순 아.. 이번 여름이요?
그땐 제가 출장이 좀 있어서...

—인서트: 바둥거리는 중동 남자의 목을 피아노 줄로
조르고 있는 복순

소라모 공부든 뭐든 부모가 옆에 딱 붙어서 길을 만들어줘야
되는데.. 하긴, 재영 엄마는 혼자라서 더 힘들겠다.

뭔가 안쓰러운 표정으로 복순을 바라보는 엄마들.

복순 (웃음) 이번엔 꼭 갈려구요. 좋은 정보 있으면
좀 알려주세요.
소라모 그래. 안 그래도 우리 소라가 자꾸 재영이
좀 신경 쓰라구 하더라. 근데 재영 엄마 무슨 일
한다고 했지?
복순 그냥.. 이벤트 회사 다녀요..
소라모(E) 이벤트? ..무슨?

복순의 얼굴 위로 앵커의 목소리.

앵커(E) 오늘 새벽 서울 공사 중이던 동작대교 한복판에서
총상을 입은..

#10

M.K 사옥 — 대표실 (실내/해 질 녘)

TV 화면. 현장을 수사하는 경찰들 모습 위로..

앵커(E) .. 40대 남성이 숨진 채 발견되었습니다.
신원 파악 결과 3일 전 한국에 들어온 재일교포
김광일씨, 일본 고베를 본거지로 한 야쿠자
조직 신이치로파의 두목 오다 신이치로로 밝혀져
큰 파장이..

뉴스를 보고 있는 안경을 쓴 민규의 눈에서 앵커의 목소리가 점점 작아진다. 앵커의 목소리가 작아지면서 민규의 시선으로 보이는 TV 화면 안에는 현장을 수사하는 경찰들의 모습이 순간 야쿠자 사내에게 총을 쏘는 복순의 모습으로 바뀐다. (민규의 환상)
그 모습을 보고 씨익 웃는 민규. TV를 보는 민규의 안경에 복순의 얼굴이 반사되어 비친다. 다시 현실로 돌아와 화면이 넓어지면 벽에 'M.K ent' 로고가 박혀 있는 고풍스러운 사무실. 얇은 은테 안경을 쓴 탄탄한 체격과 날카로운 인상의 중년 남성 민규가 소파에 앉아서 TV를 보고 있다. 그리고 정장 스커트 차림으로 민규의 무릎 위에 까만 스타킹으로 감싸진 다리를 올린 채, 소파 옆으로 눕듯이 길게 앉은 그녀의 동생 민희가 입을 연다.

민희 것 봐, 이번에도 시나리오대로 안 했네.
국내 작품에서 총을 쓰면 우리 뒤처리는 어떡하니?
민규 (어깨를 으쓱) 난 나쁘지 않은 선택 같은데..?
민희 왜?

TV 화면에는 서울 경찰청 앞에 제복을 입은 경찰 간부의 인터뷰

화면 하단 자막 '서울시 광역수사대 수사계장'. 억양에 경상도 사투리가 묻어 나오는 촌스러운 말투.

"아시다시피 한국에 총기 사용 사건은 드물지 않습니까. 그런 걸로 봐서 일본 야쿠자 세력 다툼일 가능성이 높구요, 한국 조폭들이 개입되었을지는.."

민규 봐, 누가 바람난 야쿠자 남편한테 화난 와이프를 의심하겠어.

민희 (발로 민규의 얼굴을 건드리며) 으이그, 오빠 길복순한테만 참 관대해.

민규 피식 웃으며 민희의 발을 쳐낸다.

#11

상가시장 식당 (저녁/실내)

9씬의 고급 레스토랑과 대비되는 상가시장 안의 허름한 식당. 주변 가게들은 폐업 상태로 상가 안에 식당 하나만 운영되는 모양새. 머릿고기 파전 등의 안주에 소주를 먹고 있는 복순과 복순의 동료들. 체 게바라 티셔츠를 입은 훤칠하게 생긴 희성(30대 초반), 평범한 회사원 느낌의 현철(40대 중반), B-BOY 느낌의 레게파마 머리의 윤석(20대 중반), 근육질의 거구 광만(30대 중반)이 복순과 술자리를 하고 있고, 주방에서 한쪽 팔이 의수인 식당 주인 수근(50대 후반)이 안주를 만들고 있다. 이 가지각색 느낌의 킬러들의 술자리, 오프닝에서 사내가 들었던 칼을 휘두르며 비무를 펼치는 윤석을 바라보고 있다.

윤석 (칼을 돌리더니 탁 잡고는) 와~ 진짜 잘 썰리겠다 이거. (복순에게 다가가 무릎 꿇고 두 손으로 칼을 건네며) 존경합니다. 선배님. 저도 이번 생에 9시 뉴스 나오는 작품 한번 해볼 수 있을까요?

복순 (칼을 받으며) 넌 아직 어리잖니.

희성 그래, 힘내자. 우리 세대도 기회가 오겠지, 23세기쯤엔.

복순 (못 들은 척) 오늘 민석씨가 안 보이네?

수근 (복순 앞에 안주를 갖다 놓으며) 지지난 주에 죽었어. 중국 출장 갔다가.

복순 아.. 밥 한번 사기로 했는데..

현철 간 사람 얘긴 됐고, 이번 작품 얘기 좀 더 해봐요. 그 야쿠자가 소문대로 그렇게 대단해요? 어땠어요?

모두 복순을 주목한다. 관심 없다는 듯 듣고 있던 희성까지 귀를 쫑긋 세운다.

복순 음.. 엄청 셌어요. 제대로 붙었음 내가 졌을지도 몰라. (엄살) 나 이제 한물갔나 봐.

동시에 에이~!! 하는 야유.

복순 근데 우리가 시합 나가는 사람들도 아니고 약하고 쎈 게 뭐가 중요해. 약점을 찾는 게 젤 중요해. 안 보이면 만들어서라도.

광만 킬복순 가라사대 3장 16절! 약점을 발견할지어다, 발견치 못하면 발명할지어다! (꾸벅) 또 배웁니다 선배님.

조그만 체구의 복순이 2미터 남짓한 거구 광만을 토닥토닥하자 광만 최대한 몸을 작게 오므리며 귀여움을 받는다.
다들 기분 좋은데 뭔가 불만인 듯 혼자 술을 마시는 희성.
식당 주인 수근이 복순에게 몸을 기울여 묻는다.

수근 근디 이 정도 거물급이면 페이는 얼마나 되는겨?

복순 오늘 술값 쏠 정돈 돼요.

수근 에이~ 우리끼린데~ 말하기 싫으면 여기 (손바닥을 내민다) 앞자리만.

복순 하는 수 없이 수근의 손바닥에 숫자 하나를 적는다.
고개를 빼고 이를 훔쳐보던 현철이 흥분한다.

현철 와.. 내가 여섯 일곱 작품 하는 것보다 복순씨 한 작품이 더 많네!

윤석 선배네 회사랑 M.K랑 같아요? M.K는 글로벌 기업인데. 게다가 선배님은 거기서도 초A급이고.

현철 야, 그래도 상대적 박탈감.

수근 넌 그래도 임마 일할 때가 좋은 줄 알어~ 나같이 회사도 읎는 놈은 이젠 일도 못 하게 됐잖어~

희성 그게 다 M.K가 7년 전에 만든 규칙 때문이죠, 아마? (복순을 보며) 아니에요?

희성의 말에 대답 없는 복순의 얼굴 위로 민규의 연설이 들린다.

민규(E) 옛말에 이런 말이 있죠.

#12

지하 방공호 연회장 (실내/저녁)—플래시백

연회장 단상에서 연설을 하는 7년 전의 민규. 민규의 뒤에는 킬러 회사 대표들이 서 있다. 그리고 연단 밑에는 민규의 말을 경청하는 전국 각지에서 모인 킬러들. 킬러들 사이에 복순의 모습도 보인다.

민규 살인 한 번이면 참을 인 세 번을 면한다.

민규의 말에 객석에서 웃음소리가 들린다. 역시 웃으며 말을 이어가는 민규.

민규 오늘 여기 모인 우리들은 그 말을 대신 실천해 주는 프로들입니다. 숙련된 기술을 각자 회사에서 인정받은 진짜 프로페셔널. 우린 아무나 받아주는 동네 흥신소 해결사나 가다마이 차려입고 형님 동생 놀이나 하는 깡패 새끼들이 아닙니다.

여기저기서 박수 소리와 환호성 소리가 들린다. 이에 연단을 내려오는 민규. 민규가 내려와 킬러들 사이로 들어가자 홍해 갈라지듯 갈라지며 경이로운 눈빛으로 민규를 바라보는 킬러들.

민규 네, 네. 우린 자부심이 있었습니다. 살인은 글로벌 사업이 되었고 우리는 정당한 대우를 받았죠. 회사도 없는 무직자나 아마추어들이 단돈 몇백에 어린아이까지 죽여가면서 우리 값어치를 낮추기 전까진.

민규의 시선으로 불만 섞인 야유가 터져 나오는 킬러들.

민규 이런 안타까운 상황이 온 건.. 이 바닥엔 룰이란 게
없기 때문입니다. 그래서 저는 여러분께
간단한 규칙을 제안하고자 합니다.

신상사(E) 질문 있습니다!

민규, 뒤를 돌면 군복을 입은 30대 후반의 사내, 신상사.

신상사 아니, 규칙 같은 거 따지면서 사람 가려 죽이면
우리 일자리만 없어지는 게 상식 아닙니까.
그럼 무직자 애들만 신날 테고.

민규 ... 아, 얼마 전에 회사 만드신 분이죠?

신상사 아.. 그냥 구멍가겝니다.
(꾸벅 인사) 신상사라고 합니다.

민규 네. 신상사님. 좋은 지적입니다. 그래서 무직자들은
절대 지킬 수 없는 규칙이어야겠죠.
(씨익 웃으며) 그래야 우리가 그들을 청소할
명분이 생기니까.

끄덕이는 킬러들. 할 말 없는 신상사.

민규 자, 딱 세 가지입니다.
(검지를 펴며) 첫째, 미성년자는 죽이지 않을 것.

검지를 편 민규의 손 너머로 보이는 복순, 동의하는 듯 끄덕인다.

민규 둘째, (중지를 펴며) 회사가 허가한 작품만 할 것.
(약지를 펴며) 셋째, 회사가 허가한 작품은...

반드시 트라이 할 것. 이 세 가지 규칙에
동의해 주신다면.. 다시는 회사 없는 저 무허가
아마추어들이 이 바닥에서 일하는 일은..!
절대로 없을 것입니다. 동의하십니까?

킬러들 사이에 있던 7년 전의 수근이 손을 모아 외친다.

"네!! 완전 동의합니다!!"

수근이 외치자 모두 환호를 외치며 박수를 친다..

#13

상가시장 식당 (저녁/실내)

다시 현재의 술자리로 돌아오면 한숨 쉬는 수근의 얼굴에서
박수 소리가 잦아든다.

수근 (의수인 팔을 들어 올리며) 그땐 몰랐지.
팔 짤리고 회사도 짤릴 줄은. 우리 회사는
규칙 지키다가 망해서 퇴직금도 안 나온다니까.

윤석 요즘은 다 불경기잖아요. 실업률도 사상
최악이라는데.

희성 불경기라는 게 다 정책을 잘못 세워서 그런 거잖아.
그 정책이 우리한테는 그 좆같은 규칙인 거고.

복순 (한숨) 그 좆같은 규칙도 없으면
우린 그냥 다 짐승이야.

희성 질문! 왜 세상 규칙이란 건 꼭 힘있는 사람들이
만들까요? 삐~! 정답! 힘있는 사람들을

더 힘있게 만들어주니까. (혼자 감탄) 와.. 방금 나 너무 똑똑했나? 솔직히 규칙이란 거.. M.K 독과점을 위한 수단 아녜요? 봐봐. 지금 신상사네 빼고는 다 M.K 눈치만 보는 구멍가게 됐잖아.

복순 야, 너도 M.K야.

희성 내 회사니까 내가 까는 거예요.
(자신이 C라고 쓰여진 서류 봉투를 흔들어 보이며)
회사 멋대로 A B C D 등급 나눠서 돈 버는 사람만 벌고, 누군 일 같지도 않은 일만 하면서 밥 먹고 사는데 감사해야 되고.

복순 실력 따라서 대우 다른 건 사회생활 기본이야.

희성 (자리에서 일어나 복순에게 다가가며) 와..
지금 내가 실력이 부족하다는 얘기로 들린다.
(표정이 바뀌며) 나 이제 선배님 따라다니던 꼬꼬마 아닌데..

복순 아, 그래? 그럼 나한테 피 묻은 칼이라도 보내 보든가.
(희성을 올려보며) 얼마나 달라졌는지 한번 보게.

복순의 말에 썰렁해진 분위기. 복순과 희성 서로를 노려본다.

현철 (분위기 바꾸려고 복순에게 술병을 내밀며 다가가며)
에이. 살벌하게 무슨 피 묻은 칼까지 나와요.
(복순이가 잔을 받지 않자, 자신의 잔에 따르며)
근데 솔직히.. M.K 같은 회사 때문에 우리 같은 사람들 힘들어진 건 맞지.

수근 그건 그렇지..

복순 ... 분위기 보니까 내가 나쁜 년이네.
그럼 현철씨는 M.K에서 불러주면 안 올 거야?

현철 (선뜻 대답을 못 한다) ...

복순 뒤에서 남 탓하면서 자기 연민에 빠지는 거,
그거 능력 없는 사람들 특권인 거죠?
(일어서며) 미안해요, 다들. 내가 능력이 좀 많네.

가방을 들고 휙 나가버리는 복순.

수근 아... (복순이 나간 쪽을 바라보며) 계산..!
(하는데 광만이 툭 치며 말린다)

희성, 복순의 뒷모습을 바라보다 놓고 간 칼을 바라본다.

윤석 근데.. 피 묻은 칼을 보낸다는 게 무슨 소리예요?

#14
상가시장 앞 골목 (실내/저녁)

마치 홍콩 뒷골목 같은 느낌의 상가시장 골목. 저 너머로는 분위기가 전혀 다른 고층 빌딩들이 보인다. 화난 걸음으로 상가 안에서 걸어 나오는 복순. 그 위로 수근의 목소리.

수근(E) 옛날 방식 메시지여... 규칙 생기기 전부터 있었던.

—인서트: 상가시장 식당에서 윤석에게 말을 이어 나가는 수근.
이를 듣는 광만, 현철.

수근 만약에 니가 얘(광만)한테 칼에 피를 묻혀서 보낸다..
그럼 얘랑 너랑 일대일로 시간 장소 정해서 하나
뒤질 때까지 붙자는 거지.

광만 제가 안 받으면요?

현철 그럼 넌 이 바닥에서 못 버티는 거지..
요샌 그런 낭만이 없어요..

다시 골목으로 돌아오면 복순이 자신의 차 쪽으로 걸어가다 무언가 발견하고 멈춰 선다. 어두운 골목에서 실루엣으로 보이다 빛을 받아 얼굴이 드러나면.. 그 위로 이어지는 목소리.

현철(E) 그 낭만 시대 때가 복순씨 전성기였을 거야, 아마.
그때 복순씨 진짜 살 떨리게 무서웠는데.

복순의 시선으로 복순의 스포츠카 앞에 차를 만지며 구경하는 세 남자의 모습이 보인다. 로고가 크게 박힌 명품 티셔츠에 문신이 가득한 팔로 클러치 백을 들고 있는, 동네에서 흔히 보이는 덩치 큰 양아치 세 남자가 복순의 차 보닛에 몸을 기대고 앉아 껄렁거리고 있다. "에이 이거 풀옵션 아니네.." "범퍼 도색했구먼." 복순이 차 쪽을 향해 스마트 차 키 버튼을 눌러 '삐빅' 소리가 나자 뒤를 돌아보며 걸어오는 복순을 발견하는 덩치들.

덩치1 아이고 죄송합니다. 차가 너무 예뻐가지고..

복순 (차갑게) 비켜요.

물러서는 덩치들. 덩치2, 험한 말을 하며 담배꽁초를 복순의 차에 던지며 복순을 지나친다.

덩치2 (궁시렁) 아 거 씨발년 싸가지 존나 없네.

덩치2의 행동에 열받은 복순. 자신을 지나쳐 간 덩치들의 뒷모습에 입을 연다.

복순 니네 세 마리!

덩치2 (뒤돌아보며) 뭐? 너 씨발 뭐라 그랬냐?

덩치2가 복순에게 다가간다. 이를 웃으며 말리는 덩치1.

덩치1 (능글) 아니 아줌마. 아무리 그래도 사람한테
마리가 뭡니까?

복순 왜? (손가락으로 한 명씩 가리키며)
한 마리, 두 마리, 세 마리.

덩치3 아이, 이런 쥐좆만한 년이..! (손을 치켜든다)

덩치3이 복순을 손찌검하려는 순간, 덩치3의 뒤통수에 들어오는 손이 덩치3을 벽에 박아버린다. 그대로 기절해버리는 덩치3.
손의 주인공은 희성이다. 그 위로 들리는 목소리.

윤석(E) 희성이 형 정도면 M.K에서도 충분히
A급 해야 되는 거 아녜요? 이름값 빼고 붙으면
복순 선배님이랑도 해볼 만할 것 같은데..

당황한 덩치1,2가 희성에게 달려들며 주먹을 휘두르지만
가볍게 피해내는 희성. 그 위로..

수근(E) 실력이야 당연히 그렇지. 한땐 M.K에서 밀던
유망주였는데.. 무슨 이유로 차민규 대표한테
찍힌 거 같애.

두 덩치가 마구 휘두르는 주먹을 피하다가 켁켁거리는
덩치1의 턱을 손바닥으로 올려 치자 앞으로 고꾸라지는 덩치1.
곧이어 역시 가벼운 공격으로 덩치2까지 쓰러뜨린다.

이를 바라보고 있는 복순에게 다가가 칼을 내미는 희성.

희성 (복순에게 칼을 내밀며) 이거 놓고 갔어요. (미소) 피는 안 묻혔고요.

희성을 빤히 바라보는 복순.

#15
캠핑 트레일러 (밤/실내)

트레일러 침대에 누워있는 희성의 얼굴이 위아래로 요동친다. 그 위로 커져가는 복순의 신음.

희성 (절정 상태) 선배.. 나 지금..!

복순의 얼굴이 프레임 인 되면서 희성에게 입을 연다.

복순 (계속 움직이며) 아직 아냐. 참아.

다시 프레임 아웃 되는 복순. 화면에 홀로 남은 희성이 더 크게 요동친다.

희성 (입술을 꾹 다물며 참는다) ..읍!!
(침대보를 움켜쥐는 희성)

#16

스케이트 파크 (밤/실외)

스케이트보드 점프대 안쪽에 앉아 서로 얼굴을 가까이 대고 있는 재영과 재영의 친구 소라. 소라가 담배를 한 모금 머금고 재영의 얼굴로 다가와 후우- 흩뿌린다. 웃으며 고개를 피하는 재영.
두 소녀가 서로 얼굴을 가까이 댄 상태에서.. 소라가 말한다.

소라 (재영의 입술을 바라보며) 진짜 끊을 거야?
고달픈 십 대 인생에서 담배는 필수야.
재영 (손가락으로 소라의 손등을 쓰다듬으며)
넌 뭐가 그렇게 고달픈데?
소라 (재영의 눈을 바라보며) 너 빼고 다. 빡쎈 학교생활, 좋아하지도 않는 남친, 등에 난 여드름..
재영 (인상을 찡그리며 웃음) 으..!!
소라 그리고 특히 우리 엄마. 내가 암 걸리면
그건 담배 때문이 아니라 울 엄마 때문일 거야.
그래서 니가 부러워.
재영 울 엄마도 꼰대야.. 자긴 입지도 않으면서
자꾸 나한테 원피스를 사준다니까?

소라가 재영을 보며 사랑스럽다는 듯 웃는다.

재영 나한테 은근히 숨기는 것도 많고..
소라 무슨..?

소라가 재영의 늘어진 앞 머리카락을 살며시 넘겨준다.

재영 .. 작년에 엄마가 행사 땜에 출장 간 적이 있었거든?

그때 엄마 가방을 뒤졌는데.. 근데 거기서...
(망설이다가) 아니다.

소라 뭔데.. 너 나한테 숨기는 거...

소라의 입을 막으려는 듯 갑자기 키스를 하는 재영. 재영이 키스하자, 소라가 재영의 두 뺨을 부여잡고 더 적극적으로 키스한다. 그때, 철우의 목소리가 들린다.

철우 학생들! 학원 제끼고 여기서 담배 피시고
그럼 안 됩니다!!

화들짝 놀라 일어서는 두 소녀. 바라보면 스케이트 파크 둔턱 너머로 다가오는 남자 중학생 무리. 재영, 고개를 돌려 남학생들을 외면하는 듯하다. 반면, 소라는 재영과 떨어져 아무 일 없다는 듯 웃으며 남학생들과 인사한다. 소라의 남자친구로 보이는 듯한 진성이 소라에게 다가가 어깨동무한다. 재영의 눈치를 보는 소라. 아무렇지도 않은 듯 그런 소라를 외면하는 재영. 이를 보던 철우가 담배를 하나 꺼내 문다.

철우 (담배를 한 모금 빨고는) 역시 삼각 함수 끝내고
한 대 빠는 게 개꿀맛..

진성 (소라에게) 우리 코노 갈 건데..
(가방을 들어 올리며) 여기 맥주도 있어.

소라 우와, 대박! (하다가 재영 눈치를 슬쩍 본다) .. 너는?

재영 (스케이트보드를 발로 세워서 잡고는 억지 미소)
재밌게 놀아.

재영, 돌아서서 가려는데 철우가 다가와 재영의 손목을 잡는다.

철우 아싸 놀이 그만하고 오늘은 같이 가자.
그만 좀 튕기고.
재영 (표정이 싸해지며 낮게) 죽는다.

당황한 철우, 재영의 잡은 손목을 놓는다. 그 모습을 보고 피식 나오는 웃음을 참는 소라. 오오오~ 환호성을 지르는 남학생들. 철우가 손목을 놓자 소라에게 인사하는 재영.

재영 (소라에게) 내일 봐.

소라에게 인사하고 돌아서는 재영.
재영이 멀어지자 남학생들이 철우를 바라보며 낄낄댄다.

용진 우리 철우 길재영한테 또 까였네~!!
진성 근데 길재 방금 존나 무섭지 않았냐?
야. 너 재랑 싸우면 지겠다.
철우 니는 이기니까 닥쳐, 병신새끼야.
소라 (말리며) 농담인데 왜 급발진 하구 그래~!
(진성의 팔 잡으며) 너두 그만해.
철우 ... (소라와 진성을 한번 쓱 훑어보고는 피식) 그래,
아주 환상의 커플이다, 니네. (소라에게) 그치?

철우의 싸늘한 말에 웃음기가 사라지는 소라.

#17

캠핑 트레일러 (밤/실내·외)

침대에 담요를 두르고 영혼이 털린 듯 멍하니 있는 희성.

몸에 꽤 많은 상처가 보인다. 그때 옷을 입은 복순이 희성에게 수표 몇 장을 내민다.

희성 (몸을 일으키며) 뭐예요?

복순 (셔츠 단추를 잠그며) 니네 아빠 수술비.

희성 (중얼) 나 오늘 되게 잘했구나.. (복순에게) 마음만 받을게요. 대신 나랑 좀만 더 있다 가면 안 되나?

복순 그냥 주는 거 아냐. 나중에 갚아.

희성 됐네요. 이미 다 해결했어요.

복순 어떻게..?

희성 (씨익) 나 걱정되는구나. 얘기해줘요?

복순 아니. 내가 신경 써야 되는 얘기면 안 들을래.

트레일러 밖으로 나가는 복순. 낡은 트레일러 바로 옆에 주차된 자신의 고급 차로 걸어간다. 몸에 담요를 둘러 싸매고 슬리퍼 차림으로 복순을 따라나서는 희성.

희성 와~!! 감동!! 그럴 줄 알았어!
선배가 내 걱정을 하긴 하는구나! 진짜 걱정되면..
선배가 차라리 회사를 만들어서 나 좀 데려가면
어때요? 선배 계약 곧 끝나잖아.

복순 겁 없는 거 매력 아니다.

희성 나 진짜 진지한데? 선배가 만들면 그 회사 진짜 단박에 커질걸요? 선배님으로서, 다음 세대 후배들과 이 업계의 건강한 경쟁을 위해...

복순 (말을 끊고) 나 우리 대표님 좋아해.
지금 내가 하는 모든 걸 가르쳐 준 사람이고,
내가 가진 모든 걸 준 사람이야.

희성 모든 걸 뺏어 갈 수 있는 사람이기도 하죠.

복순 …

희성 … 선배는 대표님이 나 죽이라고 하면 죽일 거죠?

복순 (희성을 빤히 본다)

희성 (당연한 걸 물었다는 듯 끄덕) 예, 예. 그러시겠죠.

복순 … 나 이번 계약 기간 끝나면 일 그만둘 수도 있어.

복순의 말이 믿기지 않는다는 듯, 미간을 찌푸리는 희성.

희성 갑자기? 아니, 왜요?

#18

복순의 집 (실내/아침)

식탁에 앉아 아침을 먹고 있는 재영의 모습이 주방 옆 거울에 반사되어 보인다. 밥을 먹는 둥 마는 둥 오늘도 핸드폰 삼매경에 빠져 있는 재영. 핸드폰을 확인하고는 미소 짓는 재영. 안 보는 척하며 딸을 관찰하는 복순의 얼굴. 핸드폰에 무언가 쓰는 재영의 손. 이를 관찰하는 복순의 눈. 곧이어 비밀스럽게 핸드폰을 엎어놓는 재영.

복순 (재영을 보지 않은 채, 슬쩍 떠보는) 너 남친 생겼나?

재영 그럴 일 없어.

복순 왜? 그게 뭐 어때서? 어우 기지배, 쫌만 상냥하면 남자애들이 줄 설 텐데…

복순, 재영 앞에 있던 스팸 접시를 멀리 옮기고 시금치 접시를 앞에 둔다. 그러나 재영, 멀리 옮겨둔 스팸 접시의 스팸을 집어먹는다. 이 모습을 본 복순, 짧은 한숨을 내쉬고는 다시 입을 연다.

복순 오늘 역사 토론 수업 있지? 성적에 반영된다며?

재영 (여전히 밥을 먹으며) 유치해. 점수 걸어놓고
애들 말싸움 시키기.

복순 맞아. 그것도 싸움이야. 너 토론하다 상대가
움찔하지? 그럼 거기가 약점이다? 살려달란
소리 나올 때까지 물어뜯어야 돼.

재영 ... (복순을 본다) 방금 나보고 상냥하라며.

복순 ... (혼잣말) 말꼬리 잡고 늘어지긴..
(하다가) 토론 주제가 뭐라고?

재영 (밥을 먹으며) 십만 원권 지폐가 생기면 어떤 인물이
들어가야 하나.

복순 (다시 재영을 보며) 오, 재밌네? 넌 누구 할 거야?

재영 후보가 많았어. 광개토대왕, 을지문덕, 김구, 안중근..
근데 고르다 보니까 공통점이 있더라?

복순 그러게. 다 남자네.

재영 그거 말구.. 다들 사람을 죽였어.
(다시 아무렇지도 않은 듯 밥을 먹으며)
대신 역사적으로 의미 있는 살인을 한 거지.
난 논개로 골랐어. 여자가 하기 힘든 일이잖아.
그게 맘에 들어.

복순 (시선을 피하며 밥을 먹으며) 그러게... 되게...
재밌는 관점이다..

어색하게 웃으며 식사를 하는 복순.

CUT TO
음악 몽타주

— 옷장을 사이에 두고 핸드폰을 보며 엄마를 기다리는 재영.

— 옷장 너머로 바쁘게 옷을 갈아입는 복순.
(옷장이 두 모녀 사이의 벽 느낌)
— 지하 주차장을 바쁘게 나서는 복순. 재영이 느긋하게
따라나서는데 자동문이 닫힌다.
— 차를 타는 두 모녀. 문이 동시에 탁! 닫힌다.

#19
사립학교 앞 (실외/오전)

음악이 흐르며 사립학교 건물이 보인다. 등교하는 아이들 사이로
복순의 차가 들어선다. 차에서 내리는 재영과 인사하는 복순.
재영이 차 문을 닫으면 복순의 차가 출발한다.

CUT TO

차가 출발하면 백미러를 보며 입술을 바르는 복순.
그리고 선글라스를 쓴다.

#20
M.K 사옥 앞 (실외/오전)

복순의 차가 강남 한복판에 우뚝 선 M.K 사옥 앞에 선다.
선글라스를 쓴 복순이 차에서 내리며 발렛맨에게 차 키를 맡기고
M.K 사옥 안으로 들어간다.

#21

M.K 사옥 — 로비 (실내/오전)

복순이 들어서자 정장을 입은 보안 직원들이 정중하게 인사를 한다. 복순의 시선으로 한 직원이 우편물에 C, D라고 적힌 서류 봉투를 분류하는 모습이 보인다. 복순이 안내 데스크를 지나 핸드백에서 M.K 마크가 찍힌 검은색 키 카드를 꺼낸다. 키 카드로 검색대를 통과하고 엘리베이터 버튼을 누르는 복순. 기다리며 옷매무새를 만진다. '땡' 하는 소리가 들리자 엘리베이터를 타려고 하는데 옆 엘리베이터 문이 열리며 민희가 나타난다.

민희 어머나!! (꽉 끌어안으며) 길복순이다아!
복순 (민희를 떼어내며) 아니, 얘가 왜 이래.
민희 여기까지 웬일이야?
복순 웬일은요. 대표님이 부르셔서 왔죠.
민희 (팔짱을 끼고 끌고 가며) 잘됐다, 언니.
온 김에 나 면 좀 세워주라.
복순 응? (끌려가다 무슨 얘긴 줄 알아들었다)
아, 됐어. 민망해.
민희 (복순을 끌고 가며) 언니 한 번만. 응?

민희가 복순을 끌고 나가며 화면 밖으로 프레임 아웃 되면 '땡!' 하는 소리와 함께 복순 쪽 엘리베이터 문이 열린다.

#22

M.K 사옥 지하 — 훈련실

화장실. 세면대 수도꼭지에서 물을 트는 한 사내의 손. 그러나

물이 나오지 않는다. 하지만 손을 씻는 시늉을 하는 사내. 남자가 거울을 보면 그 뒤로 후드티를 눌러쓴 한 인물이 조심스레 들어온다. 그 옆 세면대에 서서 물을 트는 후드티. 그러나 역시 물이 나오지 않는다. 어쩐 일인지 이 후드티도 손을 씻는 시늉을 한다. 양옆에 나란히 선 채 손을 씻는 두 사람. 두 사람 사이로 흐르는 긴장감. 그때, 갑자기 사내를 공격하는 후드티. 이를 막아내는 사내. 두 사람 사이에 결투가 시작된다. 서로 합을 주고받는 두 사람. 후드티가 더 우세하다. 화장실 변기 칸으로 이동하여 서로 치고받는 두 사람. 후드티가 사내의 목을 조르며 벽으로 밀치는 순간 우지끈 소리를 내며 벽 한쪽이 무너진다. 화장실 벽이 무너지자, 무너진 벽 사이로 연습실 입구에서 모습을 드러내는 민희. 이제야 우리는 화장실이 세트임을 알 수 있다. 민희를 보고는 후드를 벗고 꾸벅 인사하는 영지. 후드티를 벗자, 20대 초반 앳된 여자아이이다.

영지 (엎어져 있는 채로) 아.. 안녕하십니까.. 이사님..

영지가 인사하자, 세트에서 격투를 관전하던 수십 명의 연습생이 영지를 따라 인사한다.

일동 안녕하십니까 이사님!

그리고 민희의 뒤로 복순이 슬그머니 들어온다. 연습생들, 민희에게 했던 인사보다 훨씬 큰 목소리로 복순에게 인사한다.

일동 (우렁차게) 안녕하십니까!!!! 선배님!!!!

복순의 등장에 놀란 영지, 벌떡 일어난다.

영지, 복순을 보고 어버버.. 인사도 하지 못하고 있는데,
복순이 연습생들에게 인사한다.

복순 (상냥, 가식) 안녕하세요. 오늘 월말평가 있다고 해서 응원차 인사 한번 하러 왔어요. (액션 세트를 둘러보며) 어? 여기 낯이 익다.

민희 응. 5년 전 언니 작품 커버하는 거야. 여수 로타리 화장실 사건.

복순 아.. (너덜너덜해진 화장실 사내와 멀쩡한 영지를 번갈아 바라본다) 요샌 여자애들두 많이 올라왔네?

복순의 시선을 받자, 부끄러운 듯 피하는 영지. 그런 영지를 복순에게 소개하는 민희.

민희 얘가 이번 기수 에이스. 곧 데뷔시키려고.

얼떨떨한 표정으로 복순을 바라보는 영지.

복순 (영지를 보며) 와 진짜? 근데 왜 이렇게 얼어있어요?

영지 ...

민희 언니가 우상이래. 내가 제2의 길복순으로 한번 키워 볼라고.

복순 (민희에게 웃음) 응, 해봐.

민희 보여줄게. 누구 김영지랑 또 한번 맞춰 볼 사람?!!

민희가 훈련생들을 둘러보지만 아무도 선뜻 나서지 않는다.
근육질에 건장한 훈련생들도 쭈뼛거리며 괜히 시선을 피할 뿐이다.

복순 진짜 잘하나 보다. (민희에게) 담에 볼게,

(훈련생들에게) 수고들 해요~

'아아~' 아쉬워하는 훈련생들의 탄성을 뒤로하고 돌아 나가는 복순에게 민희가 툭 던진다.

민희 못 보여줘서 아쉽다. 저 나이 때 언니보다 나을 텐데..

영지를 스쳐 걸어가다 멈칫하는 복순.

복순 이름이..
영지 (긴장) 김영지입니다.
복순 (상냥) 아, 영지양, 내가 잠깐 잡아줘도 될까?

당황한 영지. 미소 짓는 민희. 훈련생들 오오오~!! 환호성을 지른다. 이 모든 장면을 지켜보듯 천장에 설치된 CCTV가 보인다.

#23

M.K 대표실 (실내/오전)

M.K 사옥 꼭대기 한 층을 통째로 쓰고 있는 민규의 사무실. 데스크에 앉아 이어폰을 끼고 노트북으로 훈련실 CCTV 모니터를 보고 있는 민규.

민규 (귀엽다는 듯 피식) 하여간 승질머리 하고는..

#24

M.K 사옥 지하—훈련실 (실내/오전)

훈련생들이 빙 둘러앉아 두 여인의 대결을 기다리고 있다.
의자에 앉아 이를 관망하는 민희. 마주 보고 서 있는 복순과 영지.
영지의 양손에 나무를 깎아 만든 듯한 모형 단도가 들려 있다.

영지 진짜로 장비 안 쓰십니까?
복순 영지양도 진검 아닌데 뭘.
(뚜껑 닫힌 매직펜을 보이며) 난 이거.

자존심이 상한 듯한 영지의 표정. 양손에 든 나무 단도를 휘두르며 복순에게 덤빈다. 영지의 양손 공격을 피하며 방어하는 복순. 영지의 움직임이 동작이 크고 화려한 데 비해 복순은 최소한의 움직임을 보인다. 영지의 공격을 피하고는 숙여서 뚜껑 닫힌 매직펜으로 영지의 발등을 찍는다. 고통에 인상을 쓰며 움찔하는 영지. 그 틈을 놓치지 않고 다리를 걸어 밀며 넘어뜨리는 복순. 영지가 공중에서 한 바퀴 돌며 바닥에 떨어진다.

복순 양손 쓰는 건 좋은데 액션에 토를 너무 많이 달았네.
(민희에게) 나 어렸을 땐 안 이랬던 것 같은데..?
그치?

민희, 대답 없이 복순을 바라보다 영지를 본다. 영지, 잠시 고민하다 양손에 든 나무 단도 중 하나를 바닥에 버리고 한 칼로 자세를 잡는다.

복순 굿 초이스.

영지 다시 복순에게 더욱 거세게 달려든다. 더 날카로워진 공격. 이번엔 복순도 가까스로 피해낸다. 이를 보며 미소 짓는 민희. 순간, 오른손에 든 단도를 복순을 향해 휘두르는 영지. (고속) 매직펜으로 이를 막아내는 복순. (고속) 영지의 나무 단도와 매직펜이 부딪치는 순간, 단도의 손잡이를 놓아버리는 영지. (고속) 떨어지는 나무 단도를 다시 왼손으로 받아 복순에게 휘두른다. (고속) 뒤늦게 이를 피하는 복순. 그러나 영지의 나무칼이 복순의 옆구리를 스친다. (고속 → 정속) 순간, 당황한 복순, 스친 부위를 만져보더니 이내 웃으며 입을 연다.

복순 음. 방금은 나쁘지 않았어.
영지 (다시 자세를 잡으며) 진검이었으면 옆구리 베이신 겁니다.

영지의 도발적인 말에 복순의 입가에 웃음기가 사라진다. 그런 복순에게 민희가 말한다.

민희 어때? 이제 좀 옛날 언니 보는 기분 들지 않아?
복순 (살짝 열받았다. 매직펜 뚜껑을 열며) … 내가 더 예뻤지.

이번엔 복순이 영지에게 다가간다. 움찔하며 복순을 공격하는 영지. 이를 가볍게 피해내고 어느새 영지의 뒤에 서서 영지의 머리채를 잡고 펜으로 그녀의 목젖을 긋는다. 영지의 목에 선명히 나는 매직펜 자국.

복순 너 방금 죽었어. 비명도 못 지르고.

순식간에 벌어진 일에 당황한 영지. 훈련생들 와아아~ 함성을 지르며 누가 먼저라 할 것 없이 박수를 친다. 훈련생들의 환호에 수줍게 웃는 복순, 내색을 안 하려 하지만 입꼬리가 자꾸만 올라간다. 이를 담담한 미소로 바라보는 민희.

#25

사립학교 (실내/낮)

/운동장

점심시간의 사립학교 전경. 푸른 잔디 위에 아이들이 뛰놀고 있다. 벤치에 앉아서 친구들과 수다를 떨며 놀고 있는 재영. 운동장 너머 재영의 시선으로 아이들 사이에서 뛰놀고 있는 소라가 보인다. 진성과 장난치며 뛰어놀고 있는 소라. 서로 눈이 마주친다. 그때 울리는 핸드폰 진동음. 핸드폰을 확인한 재영의 표정이 확 굳어진다. 자리에서 일어나 빠른 걸음으로 어딘가 향하는 재영. 이를 바라보는 소라.

/복도

복도에서 아이들과 시시덕거리고 있는 철우에게 다가가는 재영. 주머니에 손을 넣고 무언가 만지작거리며 말한다.

재영 (상냥) 지금 시간 돼?
철우 ... 어.

철우 주변에 있던 남자애들이 오오~!! 하며 환호성을 지른다. 앞장서 걷는 재영을 어깨를 으쓱하며 따라가는 철우.

#26

M.K 대표실 (실내/낮)

응접 테이블에 놓인 두 개의 서류 봉투. 두 봉투에는 크게 'A'라고 프린팅되어 있고 그 밑에는 각각 'KOREA-Seoul' 'RUSSIA-Vladivostok'이라고 적혀 있다. 그 위로 민규의 목소리.

민규(E) 잘 읽고 골라 봐. 둘 다 급하게 들어온 작품이라 빨리 결정해줘야 돼.

응접 테이블에 대답 없이 앉아 있는 복순. 상석에는 민규가 위스키 잔을 홀짝이며 앉아 있다. 복순의 앞에 커피잔을 내려놓는 민규의 수행비서 경표. 얼굴에 커다란 칼자국. 복순, 커피를 한 모금 마시고는 찡그리며 경표에게 말한다.

복순 어. 달다.
경표 죄송합니다. 다시 타오겠습니다.
복순 아녜요. 안 마시고 말죠, 뭐.
민규 (복순의 말에 웃으며 경표에게) 나가 봐.

경표 꾸벅 인사하고 사무실 밖으로 나간다.

민규 왜 애한테 시비야.. 일하기 싫어?
복순 작품 끝난 지도 얼마 안 됐고.. 이제 후배들한테 기획 좀 줘야죠. (막 생각났다는 듯) 아, 그.. 한희성 한번 시켜보면 어때요? 걔 잘하는데.
민규 (차갑게) 여기 A라는 글자 안 보여?
복순 충분히 A급 맡을 수준 된다니까요. 내가 보장.
민규 (역시 차갑게) 그건 내가 정하는 거야. 니가 아니라.

복순 네.. 난 이거요.

복순 'KOREA-Seoul' 서류 봉투를 챙긴다.

민규 또 국내 작품이네. 읽어보지도 않고.
복순 (배시시 웃으며) 나이가 드니까 애국심이 생기네?
민규 그래 (남은 서류 봉투를 챙기며) 니 덕에 내가 러시아 구경 가게 생겼네.
복순 와. 얼마나 대작이길래 선배가 직접 뛰어요?
민규 (자리에서 일어서며) 마피아 애들 꺼야. 독고 할배는 은퇴했고, 사마귀도 휴가 갔고. 니가 안 하면 내가 해야 되지 않겠니?

민규, 복순의 뒤쪽 옆으로 옮겨 앉아 고개를 슬쩍 돌리고 묻는다.

민규 재계약 조건은 생각 좀 해봤어?
복순 (뜸 들이며) ..
민규 .. 애가 열다섯 됐지..? 너 15년 전에 나랑 분명히 약속했어.
복순 (웃음) 애 때문에 그런 거 아니에요.
민규 밥 먹자. 간만에 면담 좀 하고.
복순 나 아침 먹고 왔는데?
민규 (일어서며) 간만에 떡볶이 어때.
복순 (몸을 소파에 푹 기대며) 아, 거기.. (사이) 거절할 수 없는 제안이네요.

일으켜 달라는 듯 손을 내미는 복순. 복순의 손을 잡고 일으키는 민규, 웃으며 일어나는 복순.

#27

M.K 사옥—민희의 사무실 (실내/낮)

가려진 블라인드 사이, 민희의 시점으로 창밖 밑으로 나란히 웃으며 걷고 있는 복순과 민규의 모습이 보인다. 블라인드 한 칸을 손가락으로 내리고 이를 지켜보는 민희의 눈, 똑똑 노크 소리와 함께 민희의 뒤에서 나타난 한 남자의 소리가 들린다.

강형사 이사님. 여기 요청하신 자료들...
민희 (시선은 창밖에 둔 채) 거기 두세요. (돌아보며) 수고했어요, 강형사님.
강형사 (테이블에 서류들을 놓으며) 뭘 보셨길래 그렇게 흐뭇해하세요?
민희 (흐뭇하기보단 섬뜩한 미소) ... 못 볼 꼴.

#28

떡볶이집 (실내/낮)

허름한 노포의 떡볶이집. 맛있게 떡볶이를 먹으며 아이처럼 수다를 떠는 복순과 이를 몸을 기울여 마치 상담하듯 진지한 표정으로 들어주는 민규.

복순 집에 오면 졸졸 따라다니면서 학교에서 있었던 일부터 급식메뉴까지 쫑알대던 애가 이젠 방문 닫고 들어가서 코빼기도 안 비쳐. 뭔 비밀이 그렇게 많은지.. 핸드폰 비번도 걸어놓구.
민규 (웃음) 애가 다 컸네. 비밀도 생기고.. 복순이 큰일 났다. 비밀이 생기는 건 슬슬 벽이 생기는 건데.

복순 맞아, 벽! 일 처음 배울 때 선배가 가르쳐 준 거 있잖아요. 상대 수를 읽고, 예측해서 약점을 찾고, 또 다음 수를 내서 허를 찌르고. 근데 그게 얘한테는 전혀 안 먹혀.

민규 (웃음) 아이고.. 강적이네.

복순 사람 죽이는 건 심플해. 애 키우는 거에 비하면.

민규 그래. 게다가 돈도 많이 벌고.. 근데 왜 재계약 조건을 말 안 해줄까?

복순 (떡볶이를 오물거리며 말 돌린다) 음. 떡볶이 참 맛나네.

민규가 복순에게 진지한 표정으로 말한다.

민규 애 때문이 아니면 이유가 뭐야? 왜? 천벌이라도 받을까 봐?

복순 (웃음) 선배나 나나.. 어차피 죽으면 지옥 갈 사람들이에요. 그래서 우리가 기도를 안 하잖아..

민규 (피식) 천국이 더 재미없을 거야, 우린.

복순 내가 죽인 놈들이 다 죽어 마땅한 놈들은 아니었겠죠?

민규 내가 이 일 하면서 알게 된 확실한 한 가지는.. 세상에 꼭 안 죽어야 될 정도로 좋은 사람은 없다는 거야.

복순 ... 반대로 꼭 죽어야 될 나쁜 놈들이 있기는 하죠.

민규의 말에 어느 정도 공감이 된 복순, 자신이 챙긴 서류를 열어본다. 타겟의 사진과 죽여야 할 방법들이 적힌 문서들이 나온다. 사진을 보고는..

복순 애네?

민규 미성년자 아니야.

복순 (사진을 보며) 왜 얘가 A급이야?

민규 세간에 주목 좀 받을 일이야. 자살로 깔끔히 처리해야 돼.

복순 (피식 쓴웃음) 선배 처음 만난 날 생각 난다.

민규 (시선을 피하며) 기억도 안 난다. 너무 먼지 쌓인 일이라..

민규의 말에 '진짜?'라고 묻는 듯 빤히 바라보는 복순.
복순의 시선에 민규의 눈빛이 살짝 흔들린다. 그때 울리는 복순의 핸드폰. 핸드백을 뒤져 폰을 꺼내는 복순. 액정을 보고는 '무슨 일이지?' 잠시 생각하는 복순, 고개를 돌려 표정을 확 바꾸고 전화한다.

복순 (목소리 상냥모드로 변조) 네 선생님. 안녕하세요.
(놀라며) 네? 재영이는 괜찮아요?!
(하다가 수그러든다) 아.. 네.. 지금 바로 가겠습니다.

전화를 끊고 급하게 서류와 옷을 챙기며 일어나자 민규가 묻는다.

민규 무슨 일이야?

복순 아, (민규를 지나쳐 나가며) 재영이가 친구를 가위로 찔렀다는데..

민규 (웃으며 혼잣말) 엄마 닮아서 소질 있나 보네.

복순, 나가려던 걸음을 멈추고 휙 돌아 민규를 바라본다.
민규에게 뚜벅뚜벅 다가간다.

민규 (살기 어린 복순의 표정에) 아, 농담.

복순 (싸늘) 그딴 건 농담이 아니지. 한 번만 더 그딴 걸 농담이라고 하면.. 세상에서 제일 무딘 칼이 선배 입에 꽂혀 있을 거야.

말을 마치고는 다시 몸을 돌려 확 나가버리는 복순.
그 모습을 벙찌게 바라보는 민규, 웃음 짓는다.

#29

복순의 차 안 (실내·외/낮)

립스틱을 지우며 운전을 하는 복순의 옆모습. 출근할 때와는 반대각.

#30

사립학교 교실 (실내/해 질 녘)

빈 교실에 혼자 덩그러니 앉아 있는 재영.

교장(E) 재영이가 쉬는 시간에 철우랑 얘기를 하다가 가위로 찔렀다는데..

#31

교장실 (실내/해 질 녘)

교장 문제는 찔린 사람도 찌른 사람도 이유를 얘길 안 한다는 거예요.

교장실 데스크에 복순에게 얘기를 하고 있는 50대 남자 교장.
그리고 데스크 앞에 나란히 앉아 있는 복순과 소라 모, 그리고 복순 뒤에 관망하듯 앉아 있는 철우 모. 죄인처럼 앉아 있는 복순과 달리 잔뜩 화가 나 있는 철우 모가 교장의 말에 반박한다.

철우모 아니, 피해자도 이유가 필요해요? 철우는 피해자예요!

복순 죄송해요. 철우 어머니. 제가 병원비랑..

철우모 됐어요! 누군 돈이 없나! (교장에게) 그냥 경찰 불러주세요.

소라모 애들 싸움에 무슨 경찰까지 부를 필요 있나?

철우모 (자신의 쇄골과 목 사이의 급소를 가리키며) 여길 찔렀어요! 여기!!

—인서트: 목과 쇄골 사이가 찢어져서 꿰매고 있는 철우.
그 위로..

철우모(E) 애가 지금 몇 바늘을 꿰맸는데요!!
거긴 상처가 좀만 깊었으면 치명상이었대!!

이어서 흥분한 채 말하는 철우 모.

철우모 (일어서며) 이건 아주 애초에 사람을 죽일려고 아주 작정을 한 거야! 집에서 애가 뭘 보고 배운 거야?

철우 모의 말에 순간 욱하는 복순. 소라 모, 일어서서 철우 모를 말리며..

소라모 (일어서며) 철우 엄마 지금 너무 흥분했다.

철우모 (다가가며) 아니, 소라가 재영이랑 가깝다고 이렇게 펀드시면 안 되죠.

소라모 재영이가 잘했다는 게 아니잖아. 나는 학부모 위원으로서 중재를 하는 거지.

교장 소라 어머니까지 부른 이유는 소라가 유일한 목격자인데.. 역시 입을 다물고 있어요.

소라모 아니, 그럼 소라가 이 사건에 관련이 있다는 거예요?

교장 (엄마들 등쌀에 힘들다는 듯 한숨)
꼭 그렇다는 게 아니라.. 일단 재영 어머니.
일단 One week! 재영인 1주간 정학이에요.

철우모 애가 지금 흉기에 찔렸는데 무슨 겨우 일주일..!!

교장이 일어서며 철우 모의 항의를 제지하며 말을 잇는다.

교장 그리고 일주일 후에 징계 심의회를 열 겁니다. 그때까지도 이유를 밝히지 않으면.. 규정상 길재영 학생은 더 이상 이 학교를 다닐 수가 없습니다.

복순 (놀람) 퇴학이요? 아니.. 애들한테 말 못 할 사정이 있을 수도 있고..

교장 (말을 끊으며) 재영 어머님. Rule is rule. 예외는 없어요.

#32

학교 운동장 + 주차장 (실내/해 질 녘)

/운동장

말없이 앞서서 빠르게 걷고 있는 재영. 그리고 재영을 따라가는 복순.

복순 이유 얘기 안 하면 퇴학시킬 거래.

재영 ...

복순 너 이 학교 한번 나가면 돈으로 쳐 발라도
다시 못 들어와! 니가 이런 학교 다니다가 공립학교
다닐 수 있을 거 같애?

재영 그만해. 속물 같애.

재영 한마디 툭 던지고 빠져나간다. 할 말 없는 복순.

/주차장

자신의 차에 타며 조수석에 타 있는 재영에게 다시 묻는 복순.

복순 속물?

재영 ....

복순 그럼, 사람 가위로 찌르는 건 엄청 교양 있고
우아한 일이니? 잘못됐으면 죽을 수도 있었어 걔.
니가 찌른 데가 얼마나 위험한 덴 줄 알아?!

재영 (복순을 보지 않은 채) 응.. 당연히 알지..

복순 너.. 방금 뭐라고 그랬어?

재영 (복순을 빤히 보며) 죽일려고 거기 찔렀으니까.

재영의 말에 당황한 복순, 눈빛이 흔들린다. 혼란스러운 표정이다.
할 말을 잃은 채, 다시 앞을 보고 시동을 걸어 차를 출발시킨다.
그 위로..

복순(E) 내가 사람을 처음 죽인 게 열일곱이었어.

#33
버려진 폐수영장 (실외/저녁)

비닐 깔린 소파에 힘없이 누워 앉아 천장을 보고 이야기하는 복순의 얼굴, 클로즈업. 부감에서 천천히 트랙 아웃 되면서 이야기를 하는 복순.

복순 그때 대표님을 처음 만났는데.. 나한테 타고났다고 하더라. (끄덕) 그럴 만하지. 난 폭력이랑 같이 자랐으니까.. 그래서 하나부터 열까지 나랑은 반대로 키우고 싶었어. 근데 얠 보면.. 가끔 어린 시절의 내가 생각나. 그게 섬뜩해.

화면이 어느 정도 넓어지면 소파에 기대어 있는 복순의 모습. 복순의 옆에 피 흘려 죽어 있는 시체 옆에 망치를 놓고 시체의 신발을 벗기는 희성. 희성은 죽어 있는 시체들의 살인 현장을 조작 중이다.

희성 애가 사춘기 반항심에 툭 던진 말을 너무 크게 생각하신다.

복순 ...

희성 차라리 이참에 회사에 솔직히 말을 해요. 애 때문이라고 하면 대표님도 봐주겠지.. (장난) 아님 죽이든가.

폐수영장의 천장을 바라보며 혼자 자조적으로 이야기하는 복순.

복순 (한숨) 재영이 낳기로 결심했을 때, 대표님이랑 약속을 하나 했어. 일엔 절대 지장을 주지 않기로..

근데 그게 힘들어. 몸보다 마음이 더. 일하다 보면
죽어가는 사람 눈동자에 내 얼굴 비칠 때가 있거든.
그런 날은 집에 들어가서 애랑 눈 마주치기가 겁나.

희성(E) 길복순이 아니라 킬복순으로 보일까 봐?

복순의 앞쪽으로 머리가 깨져 엎어진 시체를 질질 끌고 간 희성,
신발 바닥에 또 다른 시체의 피를 묻히며 입을 연다.

희성 백퍼 이해된다. 나도 지금 이러고 있는 거, 울 아빠가
보고 있다고 생각하면.. 으! 개무섭다.

복순 개무섭지.. (기대어 있는 몸을 일으키며)
근데 나도 이기적인 게.. 애 때문에 일을 포기하긴
싫은 거야. 내가 엄마로서 자격이 없나?

희성 에이. 돈 잘 버는 게 최고의 자격이지. (엎드려 시체의
신발을 양손에 끼우고, 핏자국이 묻은 발자국을 내며
복순에게 기어가며 입을 여는 희성)

희성 나도 울 아빠 때문에 나를 포기하긴 싫어요. 지금은
비록 이렇게 돈 몇 푼 안 되는 일을 하고 있지만..

핏자국이 묻은 발자국을 내며 복순 쪽으로 기어가는 희성.
그 모습 위로...

복순 참 모순이야. 이런 일 하면서 엄마라는 게.
교육상 좋은 살인은 없나?

희성 글쎄요.. 근데 원래 세상이 다 모순투성이지, 뭐.

복순의 소파 앞에 서서 복순에게 이야기하는 희성.

희성 평화를 위해 전쟁을 하고.. 진실보다 거짓을 믿고

싫어하고.. 살인자들이 모여서 규칙을 만들고..

복순 (한숨) 너 요즘 무슨 책 쓰니?

희성 (웃으며 복순의 옆에 앉는다) 모순 뒤에 숨겨진 진실을 봐야 된단 얘기죠. 그 진실은.. 선배 정도면 꽤 좋은 엄마라는 거. 이제는 어떻게 죽일지보다 어떻게 키울지를 더 고민하잖아요.

희성의 위로에 피식 웃는 복순. 그 모습이 넓게 보인다.

희성 근데 선배가 후배 일하는 데 왔으면 음료수라도 사 와야 하는 거 아녜요?

#34

지하 방공호 연회장 (실내/밤)

연회장 한쪽에 있는 긴 회의 테이블에 앉아 있는 각 회사의 대표들.
(정장 차림의 사업가, 개량 한복을 입은 노인, 수염을 기르고 두건을 쓴 바이크족 등등 각자 개성 있는 대표들의 모습)
경표가 나눠준 서류들을 대표들이 심각한 표정으로 보며 웅성웅성 의논하고 있다.

"이야.. 대동맥 관통해서 요추까지 갔네."
"디테일이 좋네, 이거."

마치 예술작품 감상하듯. 서류에는 살해당한 시체들의 현장 사진과 설명들이 쓰여 있다. 테이블 상석에서 혼자 낡은 큐브를 맞추고 있는 민규. 그리고 테이블에 앉아 입을 여는 민희.

민희 이게 다 경찰 쪽에서 빼 온 미제 살인사건들이에요.

대표들, 민희의 말에 따라 파일을 넘겨본다.

민희 꽤 많죠? 우발적 살인으로 서툴게 위장하긴 했는데,
보세요. 이건 확실히 프로 솜씨예요.

민희와 맞은편에 앉아 있던 40대 남자, 밀리터리 느낌의 옷을 입은 신상사. 다른 대표들과는 달리 약간은 삐딱한 자세로 앉아 파일을 보며 말한다.

신상사 그러니까 차이사님 말씀은.. 이게 다 무허가
작품이다..?

민희 네. 여기 대표님들께서 미리 다 확인해 주셨는데
회사 작품은 아니에요.

회의석에 앉은 한 사내가 입을 연다.

기대표 다시 무직자 애들이 설치는 겐가?

배대표 (파일을 보며) 그런 거 치곤 너무 솜씨가 까리한데요..

신상사 (자신의 손톱을 보며) 그럼 은퇴했거나 해고당한
애들이겠네..

대표들의 이야기를 듣고 있던 민희가 입을 연다.

민희 아니면 현역 직원일 수도 있죠.

석대표 에이.. 그럴 리가요..

기대표 그럴 리가 없지.

용대표 그럴 리는 없습니다.

테이블 상석의 민규가 만지작거리던 큐브를 다 맞추고서 테이블 위에 놓고는 입을 연다.

민규 그럴 수도 있죠.

용대표 (민규가 말하자 바로) 뭐, 그럴 수도 있다고 봅니다.

민희 경찰 애들이 성심껏 털어본다고 하니까 조만간
윤곽 나올 거예요.

민규 만에 하나.. 그 윤곽이 여기 모인 우리들 직원 중에
하나로 나온다.. 그럼 그 직원에 대한 처분은
우리 M.K에서 맡아 드릴까 합니다.

민규의 말에 눈치를 보는 대표들. 불만은 있지만 얘기를 못 하는 분위기. 신상사, 군용 나이프를 꺼내 손톱을 다듬으며 입을 연다.

신상사 아니, 내 새끼가 잘못했으면 굴려도 내가 굴려야지,
남의 애비한테 맞으면 그거 기분 진짜 드럽습니다.

민희 규칙 위반하는 자기 식구 암암리에 눈감아 주는 거..
여기 모르는 사람 없어요. 이번 건을 본보기
삼아서 좀 바꿔볼까 하는 겁니다.

신상사 와.. 무섭다 무서워... 요즘같이 힘든 시기에
직원들한테 그렇게 힘준 똥꼬처럼 빡빡하게 굴면
회사가 운영이 되나.

민희 신상사님. 운영할 능력이 없으시면 다시 입대를
하시죠. 무능력한 소리 씩씩하게 하지 마시고..

민규 (일어나 민희의 어깨에 손을 올리며 제지한다)
아직 누가 벌인 일인지는 아무도 모릅니다.
그래서 만에 하나라고 말씀드린 거구요.

신상사 (민규를 느긋하게 올려보며) 그럼 만에 하나..
M.K 소속이면요?

민규 아이고. 그럼 제가 책임져야죠.
(웃으며) 어떻게.. 제 목이라도 드릴까요?

신상사 (씨익 웃으며) 대표님이 그렇게 말씀하시면 뭐..

다시 서걱서걱 군용 나이프로 손톱을 다듬는 신상사.

#35

달리는 세단 안 (실내/밤)

수행비서 경표가 운전하는 차 뒷자리에 앉은 민규,
창밖을 바라보며 생각에 잠겨있다. 그런 민규의 옆에 앉아
뒤통수 머리카락 사이로 손을 넣어 어루만지는 민희.

민희 신상사 그 군바리 새끼 너무 풀어주지 마.
그 새끼는 아주 선천적으로 개새끼라,
목줄 세게 안 쥐면 오빠가 물릴 수도 있어.

민규 (여전히 창밖을 보며) ..
복순이가 재계약 안 할 수도 있을 것 같아.

민희 (민규에게 몸을 기대며) 왜?

민규 ..

민희 그래, 여자들이야 애 낳고 나면 다들 관두는데
언니 정도면 오래 버텼지. 걱정 마.
사마귀도 곧 돌아오고.. 훈련생들 잘 키워서 우리도
세대교체도 해야지.

민규가 대답이 없자, 기댄 머리를 떼고 몸을 일으켜 얘기하는 민희.

민희 솔직히 언제 적 길복순이니? 아무리 잘 드는 칼도

나이 들면 날도 죽고 무뎌지는 거야.

민규 내가 아까 복순이한테 말실수를 했어.. 그랬더니..
(피식 웃으며 창밖을 본다) 세상에서 제일 무딘 칼로
날 꽂아버린더라.

민희 (민규의 웃음이 기분 나쁘다) .. 왜 하필 무딘 칼이래?

민규 찌를 때 훨씬 아프니까. 난 잘 드는 새 칼보다
무뎌도 익숙한 게 더 좋아.

#36
복순의 집 — 거실 (실내/오전)

서걱서걱- 빨간 김칫국물을 손에 묻힌 채 도마 위에서 김치를 써는 복순의 식칼. 복순이 말없이 요리 준비를 하고 있고 저 멀리 떨어진 곳에 재영이 말없이 반찬을 접시에 옮겨 담는다. 복순이 재영을 보지 않은 채 입을 연다.

복순 진짜 죽일려고 한 건 아니지?

재영 ...

복순 죽일려고 한 거 아니야. 내가 널 몰라?

재영 ...

복순 근데 왜 그랬을까? (하다가 다시) 넌 그런 애 아닌데?

재영 그런 애가 어떤 앤데?

복순 ...

재영 난 엄마가 키우는 화초 아니야. 그냥 냅둬.

복순 (기가 막힌다) 너 재들이 그냥 자라는 것 같니?
물 주고, 분갈이하고, 가지 치고, 잡초도 뽑아줘야 돼.
그게 내가 하는 일이야.

재영, 복순을 빤히 바라보고 무슨 말을 하려는 듯하다가, 주방을 빠져나와 현관으로 향한다.

복순 너 어디 가?
재영 광합성 하러.

현관문이 닫히고 나가는 재영. 주방에 홀로 남아 묵묵히 남은 요리를 하는 복순.

#37
공항 (실내/오전)

/일등석 라운지
라운지 의자에 앉아 낡은 큐브를 맞추고 있는 민규. 건너편 자리 의자 틈새로 네 살배기 아이가 이를 신기한 듯 바라본다. 민규와 시선이 마주치자, 엄마 품에 안겨 민규를 바라보며 웃는 아이. 물끄러미 그 모녀를 바라보는 민규. 그때 아이의 아빠가 와 엄마 품에서 아이를 옮겨 안고는 부인과 함께 일어선다. 화목해 보이는 세 가족의 모습에 잠시 뭔가 생각에 빠지는 민규. 그때 수행비서 경표가 민규에게 다가와 블라디보스톡행 비행기 표를 내민다. 표를 받아 들며 경표에게 묻는 민규.

민규 시간 얼마나 남았지?
경표 삼십 분 정도 여유 있습니다.

끄덕거리며 경표에게 캐리어를 맡기고 자리에서 일어나 어디론가 가는 민규.

/공항 어딘가

사람들이 오가는 공항 구석에서 어디론가 전화를 하는 민규.

민규 나야. 어제 학교 간 일은 어떻게 됐어?

#38

복순의 집 — 거실 (실내/오전)

소파에 몸을 던져 누워 있는 복순의 얼굴 위로 민규와의 통화가 흐른다.

복순(E) 몰라요. 누가 내 머리에 총이라도 한 방 갈겨줬으면 좋겠어요.

민규(E) 그렇게 심각해?

복순(E) 그냥 싹 다 죽여버리고 해결되는 문제면 좋을 텐데.

민규(E) 애랑 얘기는 좀 해봤고?

복순(E) 네. 혼자 벽 보고 떠들어 댔네요. 젠장..

#39

스케이트 파크 (실내/오전)

스케이트 파크를 홀로 걷고 있는 재영. 그 위로 소라와의 통화가 흐른다.

소라(E) 엄마한테 말 안 했지?

재영(E) 응..

소라(E) 잘했어. 끝까지 말하면 안 돼.

재영(E) 근데.. 이러다 나 진짜 퇴학당하면..?
소라(E) 재영아.. 우리 둘 다를 위해서야..

멈춰서는 재영. 자신이 소라와 함께 앉아 있던 자리를 바라본다. 화면이 넓어지면, 텅 빈 스케이트 파크에 덩그러니 서 있는 재영. 그 위로..

민규(E) 그렇게 벽을 쌓는 데는 이유가 있겠지.

#40
복순의 집 — 거실/공항 (실내/오전)

집에서 통화하는 복순과 공항의 민규가 교차 편집되어 보여진다.

민규 모르는 척 기다려 주는 것도 방법이야.
스스로 문 열어 줄 때까지..
복순 말은 쉽죠. 엄마들은 생물학적으로 그게 불가능해요.
민규 그럼.. 애한테 아빠를 한번 만들어줘 보든가.
복순 ...
민규 (말 돌린다) 아, 맞다. 스케줄 나왔던데..
리허설 해봐야 돼?
복순 (일어서며) 아뇨. 바로 슛 들어가요.

#41
M.K 엘리베이터 (실외/저녁)

모자를 푹 눌러쓴 채, 엘리베이터를 타고 지하로 내려가는 복순.

엘리베이터가 주차장을 지나쳐 내려간다.

민규(E) 장비 챙겨서 애 하나 보낼 거야. 인턴십 기간이니까, 현장 실습 좀 시켜줘.

복순(E) 아, 애 키우는 거 하나로 충분한데..

민규(E) 너도 맘에 들 거야.

'땡!' 하고 엘리베이터 문이 열리면 넓은 훈련실 안에 홀로 가방을 들고 서 있는 영지가 보인다. 복순에게 꾸벅 인사하는 영지. '아 너구나?' 하는 표정으로 복순.

#42

M.K 사옥 지하—훈련실 (실내/저녁)

복순 오픈.

장갑을 낀 영지가 가방을 열자 보안업체 유니폼, 장갑, 커터칼, 방독면, 아파트 도면, 편지 봉투 등이 나온다. 그 위로..

복순(E) 웬 커터칼이래? 피 안 보고 수면제로 하지.

영지(E) 이사님께서 이번에 좀 자극적인 그림이 필요하다고..

복순(E) (손으로 편지 봉투를 가리키며) 이건 유서니? 타이핑 아니지?

영지 네. 타겟 필체 모사해서 볼펜으로 쓴 거랍니다. 확인해 보시겠습니까?

복순 됐어. 드라마를 몰라야 일이 쉬워져.

복순, 보안업체 유니폼을 집어 들고는 자신의 옷을 벗는다.

복순이 옷을 갈아입자 황급히 따라 갈아입는 영지.

복순 어려울 거 없어. 빨리 끝내고 퇴근하자.

#43

오피스텔 몽타주 (실외/저녁)

젖은 물웅덩이에 반사된 오피스텔 조형물에 새들이 앉아 있다. 차바퀴가 물웅덩이를 지나면.. 오피스텔 단지로 들어가는 보안업체 차량. 카메라 틸 업 하여 오피스텔을 비추면..

— 철컹! 소리와 함께 스위치를 내리는 영지의 손.
— 불이 툭! 하고 꺼지는 스위치.
— 찰칵 잘라지는 전선.
— 불이 꺼지는 CCTV 카메라.
— 오피스텔 문틈 사이로 스며드는 가스 연기 등이 빠른 컷 편집으로 보여진다.

#44

오피스텔 안 (실내/저녁)

침대에 곤히 누워 잠이 든 청년. 방독면을 쓰고 손전등을 켜고 이를 내려보는 복순과 영지.

영지 나보다 많이 어린 것 같지도 않은데..
애는 왜 죽는 걸까요?

복순 (몸을 숙여 얼굴을 자세히 바라보며)
딱 전형적인 변태 새끼 몽타주야. 여자들 술에

약 타맥이고 우아한 클래식 틀어놓고 죽이는.

영지 (역시 몸을 숙여 얼굴을 자세히 바라보며) 진짜요?

복순 (몸을 다시 일으키며) 아니. 더럽게 착하게 생겼네.

그때, 영지의 시계 타이머가 울린다.

영지 시간 됐습니다.

복순 벗어봐.

영지, 방독면을 벗고 쓰읍 하아~ 숨을 한 번 들이켜 보인다. 그제서야 방독면을 벗는 복순. 복순이 방을 돌아다니며 손전등으로 여기저기를 비춰본다. 도피 생활을 한 듯 방구석에 버려진 캐리어 가방, 그리고 책상 위를 비추면 가족사진 액자, 그 앞에 놓인 날파리가 꼬인 먹다 남은 일회용 도시락. 그 위로 복순의 목소리.

복순(E) 앤 어린애가 왜 이런 걸 먹어.. 몸 상하게.. 쯧.

중얼거리며 장갑 낀 손으로 가족사진 앞에 유서 봉투를 놓는 복순. 그리고 손전등 방향을 틀어 비추면 왼손잡이용 기타가 보인다. (기타에 하르피이아 스티커)

복순 왼손잡이네.

영지 아, 네.

영지, 복순의 말에 위치를 옮긴다. 장갑 낀 손으로 커터칼을 청년의 왼손에 쥐게 한 다음, 오른손목으로 칼날을 가져다 대는 영지. 영지에게 다가가 손전등으로 이를 밝혀 주는 복순. 영지가 그으려는 찰나, 복순이 입을 연다.

복순 잠깐. 한 번에 그으면 안 돼. 자살은 긋다 멈추기도 하고 다시 긋고 반복하면서 주저흔이라는 게 생겨. 줘봐.

영지에게 칼을 건네받고 자리를 바꾸는 복순.

복순 칼끝에 감정을 실어야 돼. 두려움 60.. 망설임 40..

복순, 칼끝을 떨며 손목에 천천히 가져다 댄다. 칼날이 손목으로 서서히 다가가는데..

영지 (감탄) 와 역시... 감정이 여기까지 느껴집니다.

순간, 손목이 칼날에 닿으려는 순간 멈추는 복순.

영지 아, 죄송합니다.

복순 뭔가 생각 난 듯, 갑자기 일어나 책상 쪽으로 급하게 걸어가 액자를 다시 들어 본다. 미간을 찌푸리며 액자의 사진을 유심히 보는 복순의 눈. 아들과 찍은 졸업사진 속에서 밝게 웃고 있는 아버지의 얼굴 위로..

—인서트: (TV 화면) 2씬에서 나왔던 뉴스 앵커의 목소리와 뉴스 화면. 사진 속의 남자는 바로 2씬 뉴스에 나온 오정식 의원이다.

앵커(E) 이번 새 국무총리 후보자로 지명된 오정식 의원의 아들 오모군의 음대 부정 입학 의혹과 관련하여 오정식 의원은 혐의를 부인하고 있는 가운데 검찰은 아들 오모군을 소환하여 조사를 시작했습니다.

얼굴이 모자이크 처리된 청년이 기자들에 둘러싸여 검찰청으로 들어가는 모습.

다시 현실로 돌아오면 사진 속에 환하게 웃고 있는 청년. 복순, 급하게 책상 위에 놓아둔 편지 봉투를 열고 유서를 손전등으로 비춰 본다. "아버지의 결백을 믿어주세요." "억울함을 견디지 못하고.." "아버지께 더 이상 짐이 되기 싫습니다." "먼저 가는 저를 용서해주세요." 그때 침묵을 깨고 핸드폰 진동음이 울린다. 뒤돌아 영지를 바라보며 짜증을 내는 복순.

복순 현장에서 핸드폰 켜두면 되니? 안 되니?
영지 (자신의 주머니에서 꺼진 핸드폰을 꺼내 보이며) .. 안 됩니다.

복순, 말없이 자신의 주머니에서 핸드폰을 꺼낸다. 징징 울리는 핸드폰. 핸드폰 액정에 뜨는 "공쥬님"

복순 잠깐 나가 있어.
영지 .. 네?
복순 내가 나가서 받을까?

영지, 알았다는 듯이 급하게 문을 열고 나간다. 문이 닫히자 전화를 받는 복순.

복순 (약간 쌀쌀맞게) 엄마 일하는 중이야.
재영(E) 늦어..?
복순 .. 왜.

재영(E) .. 아니.. 그냥.. 엄마.. (하다가 말 못 하고 한숨)
복순 (아이의 한숨 소리에 괜히 울컥) ..밥은?
재영(E) 아직..
복순 ... 얼른 챙겨 먹어. 김치찌개 끓여 놨어.

전화를 끊는 복순. 재영의 전화에 괜히 울컥한 듯한 표정..
생각에 잠긴다.

#45
블라디보스톡 시내 (실외/밤)

택시 문이 열리고 '탁!' 닫히면 문에 'Владивосток(블라디보스톡) TAXI'라고 쓰여 있다. 택시 문이 닫히는 순간, 서부 음악의 주인공 등장 장면 같은 음악이 흐르며 민규가 내린다.

민규(E) (러시아어) 감사합니다.

눈 내리는 거리, 코트를 입고 허름한 BAR 안으로 천천히
홀로 걸어 들어가는 민규의 뒷모습.

#46
블라디보스톡 BAR (실내/밤)

거칠어 보이는 러시아 선원들 열댓 명이 여기저기 앉아 보드카를 마시고 있는 어느 허름한 바. 창밖에는 눈보라가 휘날리고 있다. 끼이익 문이 열리며 안경에 하얗게 김이 서린 민규가 들어서자, 선원들이 민규를 돌아본다. 백인들 사이에 낯선 동양인이

들어오자, 알 수 없는 적개심을 풍기며 바라보는 러시아인들.
민규, 시선에 아랑곳하지 않고 뚜벅뚜벅 들어가 앉는다.
(전형적인 클래식 서부영화의 느낌) 핸드폰을 바 위에 올려놓고
바텐더에게 주문하는 민규.

민규 (러시아어) 보드카 샷 더블로.

민규를 뚱하게 보던 바텐더, 대충 술을 따라 바 테이블에 탁!
내어준다. 순간, 민규의 핸드폰 진동이 울린다. 액정에 뜨는
'Kill복순'. 민규가 블루투스 이어폰을 양쪽 귀에 꽂자 시끄러운
음악이 소거되며 복순의 목소리가 들린다.

복순(E) 지금 통화돼요?
민규 잠깐은. 일 끝났나 봐?
복순(E) .. 실패했어요.
민규 (표정이 굳는다) .. 뭐?

#47

보안 차량 안 + 블라디보스톡 BAR (실내/밤) 교차

43씬의 보안 차량. 뒷자리에서 통화를 하고 있는 복순.
블라디보스톡 BAR의 민규와 교차 편집되어 통화가 보여진다.

복순 가스가 부족했는지 애가 금방 깨서..
미리 체크했었어야 했는데.. 제 실수예요.
민규 ...

핸드폰에 침묵이 흐른다. 고개를 돌려 영지를 바라보면 운전석에서

룸 미러로 이를 불안하게 바라보는 영지와 눈이 마주친다.
침묵을 끊는 민규의 목소리.

민규(E) ... 너.. 유서 읽어봤니?
복순 알잖아요. 나 그런 거 안 읽는 거.
민규 내가 널 못 믿는 이유 세 가지. 첫째, 길복순은 이 작품을 실패할 리가 없는 사람이고. 둘째, 이 작품은 길복순이 실패할 리가 없는 작품이야.

전화기를 든 긴장한 복순의 얼굴 위로 민규의 말이 이어진다.

민규(E) 그리고 셋째, 이번 고객이 지 새끼 죽이려는 매정한 아버지라는 거.
복순 ... (비웃음) 내가 그런 이유로 일을 안 한다구요?
민규(E) 니가 더 잘 알겠지.

민규의 말에 웃음기가 사라지는 복순. BAR에 앉아 다시 말을 잇는 민규.

민규 '회사가 허가한 작품은 반드시 트라이 할 것.' 만약 진짜 실패가 아니면.. (문 열리는 소리에 뒤돌며) 넌 지금 규칙을 어기는 거야.
복순 그럼.. 나 대표님한테 죽어요?

/BAR
민규가 대답 없이 문 쪽을 바라보고 있다. 바 입구에서 들어온 러시아 마피아들을 반갑게 맞이하며 포옹하는 선원들. 그 위로..

민규 ....

이를 유심히 보는 민규. 안경을 벗어 BAR 위에 올려 놓고는 자리에서 일어서서 그 러시안 무리를 향해 뚜벅뚜벅 걸어가는 민규.

복순(E) 듣고 있어요?
민규 잠깐만.

민규, 품 안에서 총을 꺼내 무리들 속 타겟의 머리에 탕! 하고 박는다.

/보안 차량
'탕!' 소리에 인상을 찡그리며 전화기를 귀에서 떼어내는 복순. 복순의 핸드폰 너머로 총소리와 우당탕탕 부서지는 소리가 들린다.

복순 (한숨) 숏 들어갔네.. 현장에선 전화길 꺼놨어야지.. 쯧..
영지 ...

/BAR
민규에게 달려드는 러시아 마피아와 선원들. 이미 몇 명은 민규의 총에 맞아 바닥에 널브러져 있다. 총알이 떨어진 민규에게 총을 겨누는 러시아인. 방아쇠를 당기는 순간, 팔을 꺾어 부러뜨려서 자신에게 쏘게 만든다. 그리고 그 총을 빼앗아 다른 러시아인들을 쓰러뜨리는 민규. 피 튀기는 아비규환의 액션 활극. 그 위로 복순의 목소리.

복순(E) 그냥 일하면서 들어주세요. 난 분명히 이 작품 실패했다고 했어요. 믿든 안 믿든 그건 대표님 선택인데.. 믿으세요. 계약서에 내 싸인이 필요하면..

복순의 말을 싸우면서 듣고 있는 민규. 바의 구석진 어둠에서 나타나 러시아인들을 하나둘씩 쓰러뜨린다. 그리고는 바 구석에 숨어 복순에게 입을 연다.

민규 .. 할 말은 그게 다야?

복순(E) 그리고 하나 더, 내가 실패한 작품. 아무도 손 못 대요. 이게 내 재계약 조건이에요.

복순의 말에 화가 난 듯 이빨을 꽉 깨무는 민규. 숨어 있는 민규에게 다가오는 러시아인들. 계속해서 액션이 펼쳐지고 마지막 한 명까지 처리한 민규.

/보안 차량

핸드폰에 대고 입을 여는 복순.

복순 ... 끝났어요..?

/BAR

아까와는 달리 조용한 바. 테이블에 놓인 민규의 안경. 핏방울이 한 방울 튀어 있다. 이를 손으로 집고 쓰는 민규, 블루투스 이어폰을 꽂은 채, 입을 여는 민규.

민규 (잠시 생각에 잠기다).. 실습 나간 친구 바꿔봐.

/보안 차량

복순, 흘깃 영지를 바라본다. 그리고 불안해하고 있는 운전석의 영지에게 핸드폰을 건넨다.

복순 받아봐.
영지 (수화기를 막고) 거짓말을 하라는 겁니까?
복순 아니.. 넌 그냥 사실대로 얘기해.

잔뜩 긴장한 표정으로 전화를 받는 영지.

민규(E) 정말 실패 맞아?

영지, 복순의 눈치를 본다. 그런 영지를 무덤덤하게 바라보는 복순.

영지 아.. 전 그때.. (복순을 바라보며) 현장에 없었습니다.
민규(E) 다시. 실패 맞아?
영지 ... (눈치챘다) 아.. 네. 실패 맞습니다.
민규(E) 실패 원인은..?
영지 ... 제가 가스량을 잘못 조절한 것 같습니다.. 죄송합니다.

영지를 바라보는 복순. 긴장한 표정의 영지. 다시 복순에게 전화를 바꿔주는 영지. 복순, 영지에게 '수고했다' 정도의 눈짓을 하고는 핸드폰을 건네받는다. 복순의 얼굴 위로 민규의 음성이 들린다.

민규(E) 나도 조건이 있어.

#48

블라디보스톡 BAR 앞 거리 (밤/실외)

눈 내리는 BAR 앞. 문이 열리면서 민규가 걸어 나온다.
블루투스 이어폰을 귀에 꽂은 채, 바 옆길을 따라 걷는 민규.
민규를 쫓아가는 카메라.

민규 (단호) 계약 기간은 내가 정해.

그러다 민규가 화면에서 프레임 아웃 되면 BAR 벽 총알구멍에
금이 가 있던 유리창이 와르르 무너진다. 무너진 창문 너머로 피가
낭자한 시체들이 널브러져 있는 모습이 보인다.

민규(E) 그동안 길복순은.. 계속 M.K 칼이다.

#49

복순의 집 (실내/밤)

/현관
전 씬의 창문 프레임이 복순의 집 현관문 프레임으로 디졸브 되면..
현관문을 열고 조용히 집으로 들어오는 복순. (마치 피투성이
시체들 사이에서 나오는 느낌) 복순, 집으로 들어와 재영의 방문
앞에 선다. 닫힌 방문을 살짝 열어보는 복순. 문에 가려진
복순의 얼굴이 반만 보인다.

/재영의 방
뒤돌아 침대에 눈을 뜬 채 누워있는 재영. 조용히 숨만 쉬고 있다.
재영이 대답하지 않고 있자, 조용히 방문을 닫는 복순. 닫은

방문을 등지고 잠시 생각에 빠진 복순. 곧, 자신의 방으로 천천히 걸어간다. 문이 닫히자 핸드폰을 보는 재영. 소라에게 보낸 문자 메시지. "전화 안 받네." "연락 좀 줘." 등등.. 답장이 없는 소라. 눈에 눈물이 맺히는 재영. 베개에 얼굴을 묻는다.

#50

M.K 사옥—민희의 사무실 (실내/오전)

작가팀이 모여서 투명한 보드판에 그림을 그리며 회의를 하고 있다.

작가1 .. 옥상에서 와이어를 타고 이렇게~
3층으로 진입하는 거죠.
작가2 아.. 김작가, 그건 너무 클리셴데...
이거 밀실 살인이 컨셉 아닌가?

그때 갑자기 숨넘어갈 듯 기괴한 웃음소리. 포커스가 넘어가면 투명한 보드판 너머 민희가 통화를 하며 깔깔 웃고 있는 모습이 보인다. 회의를 멈추고 민희를 바라보는 작가들. 웃음이 잦아들면서 통화를 하는 민희.

민희 길복순이 스무 살 남자애 하나를 처리 못 했다고?
(다시 웃음) 그래서 아, 그렇구나 해줬어? 말이 돼?
아무리 애 낳고 물러졌어도..! (하다가 멈칫,
하고는 직원들에게 나가라고 손짓한다)

작가들이 민희의 손짓에 일사불란하게 나가자, 나지막이 묻는 민희.

민희 (정색) 혹시.. 일부러 규칙을 어긴 거면?

#51
비행기 안, 퍼스트 클래스 (실내/오전)

이륙 전 비행기 퍼스트 클래스 의자에 기대어 앉아 통화하는 민규.

민규 걔가 뭐하러.

#52
M.K 사옥 — 민희의 사무실 + 비행기 안. 퍼스트 클래스 (실내/오전)

/사무실

민희 (한숨) 알았어요.. 그럼 이거 누구한테 토스할지 리스트업 할게.

민규(E) 아니. 그냥 실패한 걸로 마무리해.

민희 ... 미쳤어? A급 미스 나면 우리 회사 평판은!!
(하다가) ... 것도 길복순 생각이야? ..
(확신) 맞네. 실패 아니네, 대단들 하다 진짜..

/비행기
핸드폰 너머로 민희의 목소리를 듣고 있는 민규.

민희(E) 대체 길복순이 뭐길래 이래?

민규 ... 비행기 뜬다. 계약서 준비해놔.

전화를 툭 끊어버리는 민규. 무언가 생각에 잠긴 듯 창밖을 바라본다.

#53

옛 복순의 집 (실내/낮)—플래시백

벽에 걸린 가족사진 액자. 액자 안에 경찰 제복을 입고 웃고 있는 복순 부와 무표정의 복순. 그 위로 20대 민규의 목소리가 들린다.

민규(E) 따님이 다행히 엄말 닮았나 봐요. 근데 좀 우울해 보인다. 웃으면 더 예쁠 텐데..

가족사진을 바라보며 초코바를 우물거리는 20대의 민규가 뒤돌아보면.. 입에 재갈이 물리고 천장에 묶인 넥타이에 목을 맨 채, 발끝 밑에 의자로 간신히 몸을 지탱하고 있는 복순 부의 모습. 민규를 향해 울부짖는데 소리는 나오지 않는다.

민규 그러게 자연사 하시려면 좀 착하게 사시지.. 이제 의자만 빼면 끝나요.

민규, 복순 부 발 밑의 의자를 빼내려는 순간 현관문의 열쇠 손잡이가 돌아간다. 순간, 선반에 놓인 경찰 벨트에서 총을 빠르게 뽑는 민규의 손. 문이 열리며 귀에 이어폰을 꽂은 교복 차림의 복순이 들어온다. 자신의 아빠를 보고는 당황해서 멈칫하는 복순. 이어폰을 빼며 천천히 자신의 아빠에게 다가가는 복순. 이어폰을 빼자, 옛날 팝송이 아주 작게 흘러나온다. 그때 복순의 뒤에서 나타난 민규가 복순의 뒤통수에 총을 겨눈다.

민규 지금 학교에 있을 시간일 텐데..
복순 조퇴했어요.. 아빠 죽이러 온 거예요?
민규 아빤 자살하는 거야. 자기 총으로 딸을 쏘고.
복순 아.. 수업 끝까지 들을걸 그랬다..

복순의 아무렇지도 않은 대답에 흥미가 생긴 민규. 시선을 아래로 두면.. 복순의 작은 손에 쥐어져 있는 큐브. 복순의 손에서 큐브를 가져가는 민규의 손.

민규 이거 좋아해?
복순 혼자서 시간 죽이기 좋아요.
민규 (큐브를 여기저기 돌려보며) 혼잡하네..
이거 규칙대로만 하면 금방 맞추는데..
복순 어차피 흐트러뜨릴 거, 뭐 하러 그렇게 빨리 맞춰요.
민규 .. 몇 살이니?
복순 열일곱.
민규 애매하네.
복순 뭐가요?
민규 애는 안 죽여. 그게 내 규칙이야.
복순 되게 인간적이다.. 이 일이 꼭 나쁜 사람이 하는 일은 아닌가 봐요.
민규 (복순의 뒷목덜미의 멍을 보며) 넌 원래 겁이 없니..?
복순 근데 애라는 거 기준이 진짜 애매하겠다. 규칙은 명확해야죠. 미성년자 어때요? 나 아직 민증 안 나왔는데..
민규 그래도 목격자를 살려두는 건...

복순 갑자기 성큼성큼 앞으로 간다. 당황한 민규 "야, 야!" 라고 외치는데.. 갑자기 자신의 아빠 발밑의 의자를 발로 차버리는 복순. 그리고는 뒤돌아 입을 연다.

복순 이제 나 목격자 아니죠?

어안이 벙벙한 얼굴로 복순을 바라보는 민규. (고속) 그런 민규를 보며 환하게 웃는 복순. 그 뒤로 버둥대는 복순 부의 발. (고속) 이어폰 속의 음악이 커지며 화면을 덮는다. (Herb Alpert-This guy's in love with you) 환하게 웃는 복순의 얼굴 위로 사격 표지판이 디졸브 되며 탕! 소리와 함께 음악이 끊긴다.

#54
M.K 사옥 지하 — 훈련실 (실내/밤)

마치 복순에게 총을 쏘는 듯한 화난 표정으로 사격판에 신경질적으로 권총을 쏘고 있는 민희. 22씬의 지하 훈련실에 설치된 사격대에서 사격을 하고 있다. 화가 덜 풀린 듯, "아악!!" 소리를 지르며 천장을 향해 총을 쏘는 민희. 총알을 다 쓰고 나서야 어느 정도 화가 풀린 듯 뒤에 서 있는 남자를 바라본다. 27씬에 나왔던 강형사, 민희의 총알 난사에 귀를 막고 쭈그리고 앉아 있다.

강형사 (앉은 채 올려보며) 오늘 무슨 안 좋으신 일 있으신가 봐요.
민희 분위기 봐서 좆같으면 안 묻는 게 예의예요. 뭐 좀 나왔어요?
강형사 (일어나서 서류 봉투를 건네며) 가장 최근 대전 연구원 살인 사건이요. 현장에 있다가 사라졌던 도요타 트럭을 폐차장에서 찾았습니다. 다행히 블랙박스가 살아 있어서 당일 출입자들을 죄다 스캔 떴습니다.

강형사의 설명을 들으며 서류 봉투 안의 사진들을 하나씩 넘겨보는 민희. 사진을 넘기다 어느 한 장에서 멈칫, 골치 아프다는 듯 심각한 표정으로 미간을 찌푸린다. 그리고는 다시 씨익 웃고는 서류를 내려놓고 탄창을 갈고 다시 사격을 준비하는 민희.

민희 강형사님, 경찰이란 조직에도 그런 사람 있죠? (탕!)

#55
병원 중환자실 (실내/밤)

병상에 누워 산소 호흡기를 낀 채 눈 감은 노인 옆에 나란히 누워있는 희성. 편의점 김밥을 우걱우걱 먹고 있다. 그런 희성의 모습 위로 이어지는 민희의 목소리.

민희(E) 실력은 있는데 못 크는 사람.. 이유가 뭘까?
강형사(E) 뭐.. 인성에 문제가 있거나.. 윗사람한테 미운털이 박혔다거나..
민희(E) 그래 미운털. 근데 본인은 왜 그런지도 모르는 사람. 불쌍하게..

희성의 뒤로 노크 소리가 들리자 희성, 주섬주섬 김밥을 치우며 일어난다. 고개를 들어보면 민희가 서 있다.

민희 뭘 그렇게 놀라요? (싱긋) 죄진 사람처럼?

아무 대답 없는 희성의 얼굴 위로.. 오의원의 목소리.

의원(E) 저는 결단코 결백합니다!!!

#56

복순의 집 — 거실 + 온실 (실내/오후)

복순의 집 거실 TV에 이번 타겟의 아버지인 의원이 나와 지지자들 사이에 선거 유세를 하는 모습이 보인다. "저를 음해하려는 사람들이 이제는 저를 넘어 제 아들까지 공격하고 있습니다!! 저는! 이 비열한 공작에 저 오정식은! 한발 물러섬 없이 뚜벅뚜벅 걸어갈 것입니다!!" "오정식!! 오정식!!" 지지자들이 오정식의 이름을 연호한다. 미소로 화답하는 오정식 의원. 거실에 설치된 온실 안에서 화초에 물을 주며 창 너머 거실 TV 속의 오정식을 노려보고 있는 복순. 이때 갑자기 복순의 뒤에서 들리는 재영의 목소리.

재영(E) 진짜 죽일려고 한 거 아니야. 내가 무슨 싸이코패스도 아니고..
복순 .. (갑작스런 말에 재영을 바라본다)
재영 ... 하지 마?
복순 아냐 아냐. 해, 해.

복순, 급히 재영의 손을 잡고 온실 사다리 의자에 앉히고 본인은 쭈그려 앉는다. 이야기를 시작하는 재영.

재영 철우 걔가 날 계속 귀찮게 했었어.
근데.. 찌를 생각은 진짜 없었어. 그냥 가위는..
그냥 겁만 주려고..
복순 (바로 맞장구) 그래, 니가 그랬을 거야.
재영 유철우. 걔가 겁이 많거든. 허세는 심한데..
복순 (또) 어. 걔네 엄마도 허세 장난 아니더라.
재영 (한숨) 내가 그냥 쭉 얘기하면 안 돼?

복순 어, 미안.

재영 근데.. 걔가 점심시간에 나한테 사진 한 장을 보냈어.

—인서트: 25씬의 상황. 운동장에서 핸드폰을 보는 재영.
재영과 소라가 스케이트 파크에서 키스하고 있는 사진이다.

복순(E) 말 끊어서 미안한데, 무슨 사진인지 물어봐도 돼?

다시 복순의 집으로 돌아오면 대답을 하는 재영.

재영 있어.. 나 몰래 찍은 사진. 그래서 내가 철우한테 지워달라 그랬어.

#57

과학실 (실내/오후)—플래시백

사립학교 과학실. 해골 마네킹, 인체 해부도 등이 걸려 있고 실험 테이블 위에는 각종 실험 도구들이 놓여 있다. 텅 빈 과학실에서 대화를 나누는 재영과 철우.

철우 (핸드폰을 흔들어 보이며) 대신 조건이 있어.

재영 남의 사진 몰래 찍는 거 범죄야. 빨리 지워.

재영이 핸드폰을 뺏으려 하자 핸드폰을 등 뒤로 숨기며 몸을 돌려 피하는 철우. 핸드폰을 계속 뺏으려는 재영. 요리조리 약 올리듯 몸을 피하는 철우.

철우 나랑 한 달만 사겨.
재영 (비웃음) 너 뇌에 무슨 문제 있니?
철우 (재영을 지나쳐 걸으며) 딱 한 달.
한 달 후에는 깔끔하게 끝내줄게. 당연히 내가
너 까는 걸로.
재영 그게 대체 무슨 의미가 있는데.
철우 너 바보야? 의미가 좆도 뭐가 중요해.
애들한테 어떻게 보이는지가 중요하지.
재영 .. 진짜 못났다, 너.
철우 니가 날 이렇게 만든 거야, 길재영 니가!

철우, 핸드폰을 들어 보이며..

철우 어떡할래? 내가 전송 한번 누르면 이거 학교 애들
절반한테 퍼져.
재영 (우두커니 서서 노려보며) 눌러 봐. 그럼 넌 죽어.
철우 진짜? 나 죽고 싶은데.. 진짜 누른다. 5, 4, 3, 2..

철우, 핸드폰을 열어 사진을 전송하려 한다. 그때, 문이 쾅! 하고 열리며 소라가 들어온다.

소라 안 돼!!! 하지 마!!!

문이 열리고 들어온 소라가 철우에게 매달린다. 이를 피하는 철우.

소라 (눈물이 고인 채) 철우야 제발.. 응? 지워줘..
나 죽어 진짜..
철우 나 말고.. 길재영한테 얘기해.
소라 (다급하게 재영에게 다가와) 우리 그냥 철우 말대로

하자. 응? 딱히 뭐 손해 보는 것도 아니잖아. 부탁할게 재영아..

소라의 간절한 부탁에 곤혹스러워하는 재영. 철우, 재영과 소라에게 다가와 이죽댄다.

철우 야, 근데 니네 둘 중에 누가 남자 역할이야?
재영 미친 새끼...
복순(E) 잠깐, 잠깐만!

아이들 사이로 복순이 나타난다. (집에서 입고 있는 옷 그대로 등장한 복순. 복순의 등장은 두 모녀 대화 중 개입된 판타지이다)

복순 웬만하면 안 껴들라고 했는데.. 지금 제일 중요한 얘기가 빠진 것 같아서.. 대체 저게 무슨 사진이길래 그래?

복순을 바라보는 재영. 말하기를 머뭇거리는 재영의 눈빛이 흔들린다.

복순 (달래며) 괜찮아.. 얘기해봐.
철우 (웃으며 재영의 귀에 속삭인다) 말해. 니네 엄마도 알아야지. 자기 딸이..

순간, 주머니에서 꺼낸 가위를 들고 철우에게 달려드는 재영. 당황하여 핸드폰을 바닥에 떨어뜨리면서 재영과 프레임 아웃 되는 철우. 이를 말리던 소라도 복순을 지나쳐 화면 밖으로 프레임 아웃 된다. 화면 안에 홀로 남은 복순, 바닥에 떨어진 핸드폰을 주워 본다.

#58

복순의 집 — 온실 + 거실 (실내/오후)

온실에서 일어서며 멍하니 핸드폰 사진을 들여다보는 복순.

복순 ...
재영 소라하고 나야.
복순 ... 어.. 엄마도 알지..
재영 나 여자 좋아해, 엄마.
복순 ...
재영 .. 왜? 왜 그렇게 봐?
복순 (모른 척) 어? 아니..

재영이 복순을 빤히 바라본다. 복순, 재영의 시선을 피하며.. 괜히 주머니를 뒤적거린다. 엄마를 바라보는 재영. 급히 뭔가를 찾으려는 듯, 온실 밖으로 나가 거실로 향하는 복순. 가방에서 담배와 라이터를 꺼내다 아차, 싶어 다시 가방에 감추는 복순. 갑자기 뒤돌아 서서..

복순 근데 니가 헷갈리는 걸 수도 있잖아, 재영아.
재영 ....
복순 아니 왜 그런 걸 엄마한테 얘기 안 했어?
재영 내가 남자를 좋아했어도.. 엄마 나 사실은 남자가 좋아. 이렇게 고백해야 돼?
복순 그런 건 아니지만.. (할 말 없다가 괜히 승질) 내가 널 이렇게 몰라도 되니?!
재영 .. (서서히 눈물이 글썽) 그러는 엄만.. 나한테 솔직해?

재영의 말에 눈빛이 흔들리는 복순. 꾹 참고는 있지만 엄마를 바라보는 재영의 눈은 금방이라도 울 것 같다. 온실 유리창을 사이에 두고 마주 보는 두 모녀. 침묵 속에 울리는 초인종 벨소리. 인터폰 화면에는 영지가 큰 배낭을 메고 서 있다.

#59
복순의 현관 앞 (실내/오후)

벽에 기대어 선 영지의 목을 전정가위로 누르며 무섭게 얘기하는 복순.

복순 죽고 싶어? 여기가 어디라고 와.

영지 죽이세요.

복순 ..

영지 저 짤렸어요. 이사님한테.. 데뷔 한번 못해보고.

복순 ...

영지 그럴 만하죠. 일개 훈련생 하나가 감히 길복순 선배님 작품을 망쳤는데. 선배님한텐 제가 먼지보다 못한 존재겠지만.. 제가 여기까지 얼마나 치열하게 올라온 줄 아세요?

복순 ... (가위를 내리며) 그래, 잘 왔다.

영지 ...?

#60
복순의 집 (실내/오후)

급하게 외투를 입는 복순. 재영이 옷장 뒤쪽 문에 기대어 어두운 표정으로 서 있다.

복순 (재영의 눈치를 보며 일부러 들리게 혼잣말)
아.. 꼭 이럴 때 회사에 일이 생겨서..
뭔 사람까지 보내구 난리야..

재영 ...

복순 (재영에게 다가가서 눈을 마주치지 않고 도망치듯)
재영아, 미안한데, 엄마 갔다 와서 얘기하자.

급하게 현관문을 나서는 복순. 엄마가 나간 쪽을 바라보는 홀로 남은 재영.

#61

상가시장 식당 (실내/오후)

11씬의 상가시장 식당. 배가 고팠는지 밥을 우걱우걱 먹고 있는 영지. 맞은편에는 소주를 마시는 복순.

복순 그래서.. 넌 나한테 따지러 온 거니?

영지 전 잘못한 게 없으니까요. 잘못이 있다면..
선배님 때문에 거짓말 한 거죠.

복순 (술을 따르며) 알아.. 근데 세상을 살면서 말이다,
때론 잘못을 안 해도 잘못이 되고, 잘못을 했는데도
잘못이 안 되고 그러는 거야.

영지 그런 게 어딨어요.

복순 예를 들어.. 니가 만약에 여자를 좋아한다 치자?
그게 니가 잘못한 건 아니잖아. 근데 남들은,
그걸 잘못이라고 볼 수 있어.

영지 사람 죽이는 일 하시면서, 너무 보수적인 생각
아닙니까?

복순 보수적이니까 어른인 거지. 니네 부모님은
안 그럴 거 같지?

영지 저 부모님 안 계십니다.

복순 (급미안) ..

영지 잘못인지 아닌지는 본인이 제일 잘 알아요.
남들이 정하는 게 아니라.

복순 하여간 요즘 애들 참... (한숨) ...똑똑하네..

그때 울리는 복순의 핸드폰. '공쥬님' 재영이다. 무음 처리하고는 핸드폰을 다시 덮어놓는 복순. 그때 식당 주인인 수근이 저 건너편에 있던 손님들을 보내고 합석한다. "맛있게 드셨어요? 살펴 가세요, 네."

수근 아이고 오늘 두 팀 받았네.
(복순에게 영지를 가리키며) 누구여?

복순 우리 회사 훈련생.

수근 아이고. M.K 인턴이면 엘리트네. 데뷔는 언제여?

영지 짤렸습니다.

복순 너 안 잘려. (수근에게) 얘 잘 될 애니까 기억해 놔요.
내가 한번 잡아봤는데 칼질을 싸가지없게 하더라구.

수근 와~!! 킬복순이가 그렇게 말할 정도면..
(하다가 가게 입구를 보면) 어!

복순이 수근을 따라 고개를 돌리면 현철, 윤석, 광만, 희성이 입구로 들어오며 복순에게 인사한다. 희성, 복순을 발견하자 뭔가 불편한 기색으로 주뼛거리며 다가온다. 카메라가 테이블을 비추고 화면 안으로 보이는 7명의 킬러.

윤석 먼저 와계셨네요. (영지를 보고는) 누구예요?

영지 (꾸벅) 안녕하십니까. M.K 12기 훈련생 김영지라고 합니다.

M.K라는 말에 '오~ M.K' 하면서 부러워하는 광만과 현철.
윤석은 흥미롭다는 듯 영지를 관찰하며 바라본다.

윤석 아. 회사 선배 축하해주러 왔구나.
역시 큰 회사 사람들이 의리도 있어.

복순 응? 무슨 축하?

윤석 희성이 형 축하해 주러 온 거 아녜요?

현철 (웃음) 복순씨 몰랐어? 오늘 희성씨 A급 승진했잖아.

복순 갑자기?

희성 뭐.. 그냥 그렇게 됐어요..

수근 (광만에게) 야, 어차피 손님도 없는 거 누가 문 좀 잠그고 와라.

광만 네! (화면 밖으로 빠진다)

수근 (희성에게) 어이, 오늘의 주인공. 안주 뭘로 할래?
(윤석과 영지에게) 뭐 하냐, 막내들은 세팅 안 하냐.

수근이 주방으로 빠지고 윤석과 영지는 테이블을 붙이고
냉장고 쪽으로 가며 화면에서 빠진다. 화면에 남은 사람은
복순, 희성, 현철 3명.

복순 어떻게 된 거야..?

희성 ....

현철 (희성을 자리에 앉히며) 자랑 좀 해도 돼. 뉴스 속보로 뜬 작품을 했는데.. (복순에게 자기 핸드폰을 꺼내 동영상을 찾아준다) 복순씨도 이거 좀 보시고 칭찬 좀 해줘요.

그때, 화면 밖에서 광만의 목소리.

광만(E) 여기 문 어떻게 잠가요!!?
현철 아이 저 새끼.. 귀찮게.. 거기 밑을 내려~!!

현철이 광만을 도와주러 나가자 화면 안에는 복순과 희성 2명만이 남는다. 화면 양 끝에 마주 앉은 두 사람 사이로 현철의 핸드폰에서 뉴스 소리가 흘러나온다. '오늘 오후 4시 30분경 총리 후보자 오정식씨의 아들 오모군이 오피스텔 옥상에서 떨어져 숨졌습니다. 신고를 받은 구급차가 도착했지만 오모군은 이미 호흡이 없는 상태였고 경찰은 방에 남겨둔 유서로 보아 투신했을 가능성에 초점을 맞추고 있습니다. 한편 오정식 의원은..'
마주 앉은 복순과 희성. 복순이 희성을 바라보자 시선을 피한다.

#62

M.K 사옥 — 민희의 사무실 (실내/오후)

/사무실 복도
화난 걸음으로 성큼성큼 복도를 걷고 있는 민규.

/사무실
사무실 한편에 있는 시나리오함에서 시나리오 한 부를 꺼내 파쇄기에 넣는 민희. 시나리오가 파쇄기에서 갈라지자 그 앞에서 성호를 긋는 민희. 그때 사무실 문이 열리며 다가오는 민규. 저벅저벅 민희에게 한 발씩 다가오는 민규의 등 너머로 민희가 다급하게 입을 연다.

민희 아, 미리 말 못 한 건 미안해.
(달래듯 웃으며) 오빠도 알지? 다 회사를 위한 결정이란 거..

무섭게 일그러진 표정으로 민희에게 가까이 다가오는 민규.

민규 너한테 그런 결정권 준 적 없어.

민희 나도 이 회사 이사야. 길복순 그년이 뭐라고..

민희의 말이 끝나기도 민희의 목을 한 손으로 잡고 조르는 민규. 목이 부여잡힌 채, 민규를 노려보는 민희. 그러다 오묘한 미소를 짓는다. 민희의 미소에 섬뜩함을 느낀 민규가 목을 조르던 손을 놓는다. 민규가 목을 조르던 손을 놓자 갑자기 민규에게 키스하는 민희. 입술이 닿자 놀란 민규가 민희를 확 밀쳐낸다. 슬픈 눈으로 민규를 바라보는 민희. 슬픈 눈에서 독기 어린 눈으로 바뀐다.

민희 왜..? 왜 그런 눈으로 봐? 오빠 눈엔 내가 미친년처럼 보이지? (한 걸음 다가가 민규의 바로 앞에 서서)
적어도 난 나한테 솔직해. 근데 넌?

민규 ....

민희 갖고 싶은 꽃이 있으면 꺾어서라도 가져야지.
오빤 그것도 못 하지?

민규 (빤히 보다) ...그래서 칼로 가지려고.

민규의 말에 눈빛이 흔들리는 민희. 그런 민희를 두고 아무 말 없이 돌아나가는 민규. 뒷모습에서 나지막이 한마디 뱉는다.

민규 ... 계약서 마저 준비해놔.

민희를 두고 사무실을 나가버리는 민규. 사무실에 홀로 남은 민희의 얼굴이 분노에 휩싸인다.

#63
상가시장 식당 (실내/오후)

술자리에 앉아 여전히 맞은편의 희성을 노려보고 있는 복순. 그 옆에 앉은 킬러 동료들, 복순의 눈치를 보고 있다. 희성을 보고 차갑게 입을 여는 복순.

복순 너, 이거 내가 접은 작품인 거 알고 있지?
희성 ...
수근 (안주를 놓으며 자리에 앉는다) 뭔 소리여? 허가한 작품을 접었다구요?
영지 (다급하게 수습) 아뇨, 그게 아니라 실패한 겁니다.
광만 실패? 복순 선배님이?
복순 (아랑곳하지 않고 희성에게) ..누구야?
희성 ... 제가 대답해야 돼요?
수근 (둘 사이의 눈치를 보며 일어선다) 에구구.. 알탕 다 되었겠네.

수근, 눈치를 보며 주방으로 자리를 옮긴다. 희성을 빤히 바라보는 복순. 마치 희성의 속을 훑어보는 듯한 느낌.

복순 왜 A급 일을 갑자기 너한테 맡겼을까?
희성 .. 왜요? (웃음) 난 뭐.. 평생 A급 못할 줄 알았나 봐요.
복순 (일부러 긁는다) 어.

희성 내가 그동안 누구 때문에 일이 없었는 줄은 알아요?

그때 테이블 위에서 울리는 핸드폰 진동. 희성, 핸드폰을 슬며시 엎어놓는다. 엎어놓은 핸드폰을 지긋이 바라보는 복순.

희성 (눈빛이 흔들린다)
복순 ... (감 잡았다)

#64

M.K 대표실 + M.K 민희의 사무실 (실내/오후)

책상에 홀로 심각하게 앉아 있는 민규. '따르릉 따르릉' 신호음과 함께 카메라가 민규를 지나 창 쪽으로 줌 인 하면 민희의 사무실이 보인다. 어디엔가 전화를 하는 민희. 그때, 전화 받는 소리가 들리자..

민희 (짜증) 왜 이렇게 전화를 늦게 받아요?
복순(E) 나야.
민희 ... (당황, 하지만 이내) 어머, 언니야? 희성씨랑 같이 있었나 봐?

#65

상가 식당 + M.K 민희의 사무실 (실내/오후)

복순이 선 채로 희성의 어깨에 손을 올리며 민희와 전화를 하고 있다. 어두운 표정의 희성. 날 선 목소리로 미소 지으며 통화한다. 기 싸움.

복순 되게 재밌는 짓 하셨네.

민희(E) (웃음) 언니. 그 정도 깜냥은 돼요.

복순 그러다 혼나면 어쩔려구..

민희(E) 오빠 나 못 혼내.

복순 아니. 나한테.

—인서트: M.K 사무실에서 통화하는 민희. 복순의 말에 미소가 사라지며...

민희 ..아, (다시 미소) 근데 나 언니가 아니고 희성씨한테 전화한 건데?

복순 (고개를 돌려 희성을 힐끗 보며) 그래. 넌 나랑 조만간 보자.

희성에게 핸드폰을 건네는 복순. 희성, 핸드폰을 받아들고 일어서려는데...

복순 여기서 받아.

복순, 옆자리 광만을 흘깃 보자 광만이 자리를 비켜주고는 뒤에 선다. 복순이 입에 담배를 물자, 불을 붙여주는 광만. 민희와 통화를 하는 희성을 바라본다.

희성 네, 이사님.. (사이) 아뇨. (주변을 한번 흘깃 보고는)
복순 선배님이랑.. 여기 다른 회사 식구들이랑..
우리 회사 인턴 친구 하나랑.. 네, 맞아요.

희성을 바라보는 영지. 복순을 비롯한 모든 킬러들 희성을 바라보고 있다.

희성 .. 아 그건 좀 곤란할 것 같은데요..

머뭇거리는 희성을 바라보는 복순.

희성 네.. 네, 네.. (한숨) 알겠습니다.

핸드폰을 스피커 모드로 바꾸고 테이블 위에 올려놓는 희성.

희성 이사님이.. 인사 좀 하고 싶으시대.
윤석 우리랑?

테이블 위 핸드폰에서 민희의 목소리가 들린다.

민희(E) 안녕하세요. M.K 차민희예요..
(사이) 인사 안 받아 줄 거예요?
일동 (어색하게) 안녕하세요...
민희(E) 영지도 거기 있니?
영지 (어색하게 반쯤 일어나) 네..
민희(E) 희성씨한테 여러분들 얘기 많이 들었어요.
잠재력이 아주 많은 인재들이라고. 그래서 이번에
제가 기회를 좀 드리고 싶어요. 우리 M.K에
B급 이상 대우로 들어올 수 있는...

웅성거리며 서로를 마주 보는 킬러들, 그 가운데 표정이 굳어지는 복순.

복순 차이사, 장난하지 마.

주방 BAR 안에서 안주를 만들고 있던 수근, 복순의 말에 아랑곳하지 않고 묻는다.

수근 저기 저기! 회사 짤린 무직자도 포함돼유?

그때 복순의 옆에 있는 희성이 자신의 주머니로 손을 천천히 가져간다.

민희(E) 네. 대신 희성씨랑 팀으로 작품 하나만 해주세요.

현철도 눈치채고 테이블 밑에서 자신의 서류 가방 단추를 조용히 연다. 계속 이어지는 민희의 목소리.

민희(E) 우리 회사에 불미스럽게도 규칙을 어긴 직원이 하나가 있어요. M.K 대표이사 자격으로 허가합니다. 그 직원 하나를..

그때 액정을 터치해 전화를 끊어버리는 복순. 복순, 희성을 바라보며 입을 연다.

복순 한희성. 손 떼.

서서히 주머니에서 손을 빼는 희성. 복순이 이번엔 고개를 돌려 현철을 차갑게 바라본다. 움찔하며 시선을 피하는 현철.

복순 .. 안 부끄러워요? 언제는 M.K 같은 회사 때문에..

복순의 말이 끝나기도 전에 뒤쪽 주방에 있던 수근의 날카로운 채찍 줄이 복순의 목을 휘감는다. 수근이 줄을 당기자 의자째 뒤로 넘어지는 복순. 복순이 뒤로 쿵! 하고 넘어가자 반대쪽에서 테이블을 밟고 점프해 달려드는 윤석과 현철. 수근이 채찍 줄을 당기자, 목이 졸려 바닥을 질질 끌려가는 복순. 복순이 발버둥 치자, 순간 빠져버린 수근의 의수. 자유의 몸이 된 복순. 그 순간 거의 동시에 2미터 거구인 광만이 의자를 들어 복순을 향해 내려친다. '우지끈' 하는 소리와 함께 부서지는 나무 의자. 순간 고속 촬영. (나무 의자 파편, 나사 등이 공중에 거의 멈춘 상태로 천천히 움직이는 초고속화면) 천천히 공중에 붕 뜬 의자 파편 속에 희성을 비롯한 킬러들이 각자 자신의 시그니처 무기를 들고 동시에 복순에게 달려드는 모습이 각자 고속화면으로 컷/컷 보인다. 공중에 떠 있던 뾰족한 의자 파편 조각을 손으로 잡는 복순, 순간 고속 촬영이 풀리고 정속으로 바뀌면.. '휙!' 복순 손에 쥔 파편 조각을 자신에게 달려들던 수근을 향해 던진다. 푹! 하고 수근의 목에 박히는 나무 파편. 피를 뿜으며 쓰러지는 수근. 나머지 킬러들은 이에 아랑곳하지 않고 복순에게 달려든다. 한편, 순식간에 벌어진 일에 너무 놀라 멍하니 서 있는 영지. 바로 이어지는 희성의 위협적인 공격. 이때 자신과 싸우던 윤석을 방패 삼아 막아내는 복순. 희성의 칼에 팔이 베이는 윤석.

복순 얼굴은 건들지 말기!

복순의 말이 끝나기도 전에 복순의 얼굴을 향해 갈고리 칼을 휘두르는 윤석. 이를 피하고 윤석의 입에 접시를 박아 넣고 뒤통수를 잡아 벽에 처박아 버리는 복순. 퍽!! 하고 머리가 폭발하듯 피가 터지며 쓰러지는 윤석. 벽에 피와 뇌수가 튀어 흘러내린다. 죽어가는 윤석. 감탄한 듯 한마디 내뱉고 죽는다.

윤석 와아.. 씨발..
복순 요즘 애들은 예의가 없어..

순식간에 두 명의 킬러가 쓰러졌다. 복순을 에워싸는 나머지 킬러들. 이제는 3대 1의 싸움. 무기를 들고 자세를 잡으며 천천히 복순을 옥죄어 온다.

복순 (희성을 보며) 이것도 참 모순이다, 그치?
희성 ....
현철 복순씨가 이해해요. 사는 게 다 그렇잖아..
복순 그래요.. (슬쩍 뒤로 누군가를 바라보며)
인생 뭐 셀프니까.

복순의 시선이 닿은 곳에 자신을 에워싼 킬러들 너머로 영지가 보인다. 가방에서 자신의 무기인 양손잡이 쌍검을 꺼내 들고 복순을 둘러싼 희성의 무리에 가담하여 자리를 잡는다.
다시 4대 1의 싸움.

복순 (피식) 사회생활 잘하네.. 성공하겠다, 야.

복순의 말이 끝나자마자, 먼저 덤벼드는 희성. 그리고 이어서 달려드는 현철과 광만. 영지, 순간 복순에게 달려드는 광만의 목뒤에 칼을 꽂는다. 비틀거리며 뒤돌아보는 광만. 쓰러지지 않고 뒤도는 광만을 보고 주춤하는 영지. 희성과 현철은 복순에게 달려든다. 광만은 영지의 목을 양손으로 잡고 교수형에 처하듯 들어 올린다. 희성과 현철 VS 복순, 광만 VS 영지의 싸움이 교차되어 보여진다.

— 희성과 현철의 협공에 대항하는 복순. 희성의 공격을 피하고
  현철에게 공격을 가하는 복순. 피를 뿜으며 쓰러지는 현철.
— 목이 졸려진 상태에서 계속해서 광만의 가슴팍과 팔에 칼을
  쑤셔넣는 영지. 피가 튀지만 꿈쩍 않고 목을 조르는 광만.
  의식을 잃어가는 영지.
— 희성과 1대 1로 싸우고 있는 복순. 복순 희성을 세차게
  몰아친다. 1대 1로는 복순에게 역부족인 희성, 이미 여러 곳이
  베여 피를 흘리고 있다. 더욱 거세지는 복순의 공격. 이를
  막아내다가 결국 칼을 놓치고 쓰러지는 희성. 복순 말없이
  내려본다. 그런 희성을 바라보는 복순.
— 한편, 광만의 공격에 점점 의식을 잃어가는 영지. 그때 복순이
  들어와 영지를 돕는다. 복순의 도움으로 위기를 모면한 영지.
  광만의 거대한 몸에 악착같이 칼질을 한다. 복순 역시 영지와
  합공으로 광만을 쓰러뜨린다. 온몸에 피를 뿜으며 쓰러지는
  광만. 영지, 자신을 도와준 복순을 바라본다.

복순 (영지를 보지 않은 채) .. 데뷔 축하해.

영지에게 한마디 내뱉고는 쓰러져 있는 희성에게 다가가는 복순.
희성이 힘없이 입을 연다.

희성 무허가 작품을 몇 개 했어요.. 근데 그걸 차이사가
알아버렸네.. (변명하다가 울먹) 나 진짜 선배
좋아했던 거 알죠?

복순 .. 희성아. 후져.

희성 ... (피식) 안 통하네..
(끄덕거리고는) 가끔 우리 아빠나 들여다봐 줘요.

복순 알았다는 듯 천천히 고개를 끄덕거리고는 희성의 가슴에

칼을 꽂는다. 비명도 못 지르고 무너지는 희성의 눈에 눈물이 흐른다. 복순, 한 번 더 깊이 칼을 박아 넣는다. 힘없이 쓰러지는 희성. 피투성이가 된 식당에 널브러진 다섯 구의 시체들. 순간, 우웅- 울리는 핸드폰. 복순, 피범벅이 된 바닥에서 자신의 핸드폰을 줍는다. 진동이 끝나면 액정에 보이는 '공쥬님' 부재중 8통. 한숨을 내쉬는 복순. 어딘가에 전화한다.

복순 저예요, 선배. 계획엔 없던 건데.. 여기 청소 좀 해줘요.

CUT TO

해가 지고 저녁이 되면, 청소복을 입은 청소부들이 시체를 랩으로 감아 싸서 포장하고 바닥을 치우고 벽을 닦고 있다. 난장판이 된 식당을 청소하며 자기들끼리 수군대는 청소부들.

청소부1 이거 허가 받은 작품 맞아요? 여기 다 직원들 같은데...

청소부2 쉿...!! 조용히 하고 일이나 해.

식당 구석에 앉아 이를 보고 있는 복순과 영지.

영지 우리 큰일 난 거 맞죠?

복순 아니, 좆된 거야.

영지 아... 그래도 선배님이랑 같이 좆된 거라.. 쫌 위안이 되네요.

영지의 말에 픽 쓰게 웃는 복순, 영지를 바라보다..

복순 나 왜 도왔니?

영지 그냥.. 살려구요.. (약간 바보같이 해맑게 웃으며)

왠지 선배님 쪽이 확률이 높아 보여서..

복순, 어쩐지 약간은 가엾다는 표정으로 영지를 빤히 바라본다. 그런 시선에 의아해하며 웃음을 거두는 영지. 복순 고개를 돌려 자신의 손에 쥔 핸드폰을 바라본다. '공쥬님' 부재중 11통.

#66
상가 식당 앞 골목 (실외/밤)

골목에 나와 전화를 걸고 있는 복순.

복순 재영아.. 전화 못 받아서 미안해.
좀 더 늦어질 거 같애..
재영(E) (울먹이는 소리)
복순 왜 그래? .. 너 울어?

#67
재영의 방 (실내/밤)

침대에 웅크리고 앉아 전화기를 들고 서럽게 울고 있는 재영.

#68

상가 식당 앞 골목 (실외/밤) + 재영의 방 (실내/밤)

/골목

딸의 울음소리에 놀란 복순이 차로 급하게 걸어가며

복순 무슨 일이야, 응? 울지 말고...

그때, 순간 손이 프레임 인 되며 복순의 목을 쥐고 벽으로 쾅! 밀어붙인다. 민규의 손이다. 목이 졸린 채 벽에 처박힌 복순. 바닥에 떨어진 핸드폰. 복순의 목을 부여잡은 민규가 일그러진 표정으로 복순에게 말한다.

민규 너.. 이번엔 선을 넘어도 단단히 넘었어.
내가 널.. 대체 어디까지 봐줘야 돼!

복순 (목이 졸린 채 바닥의 핸드폰을 바라보며) 핸드폰..
핸드폰부터 꺼요..

민규, 복순의 목을 쥔 채로 복순의 시선을 따라 자신의 발밑을 바라보면.. '공쥬님'과 통화 중인 채로 떨어진 핸드폰.

/재영의 방

놀란 재영이 울음을 멈추고 입을 연다.

재영 엄마... 여보세요? 엄마..?

/골목

바닥에 떨어진 핸드폰에서 재영의 목소리가 새어 나온다. "왜 그래 엄마.." 민규의 발이 핸드폰을 콰직 밟는다. 민규에게 목이 졸려 실핏줄이 선 상태로 정신을 잃어가는 복순. 복순을 바라보며 목을 조르는 민규의 표정도 괴로워 보인다. 그때 영지가 소리 지르며 뛰어온다.

영지 선배님은 잘못 없어요!!! 이사님이 시킨 겁니다!!! 차이사님이 선배님 죽이라고 시켜서 벌어진 일입니다!!

순간, 팔에 힘을 푸는 민규. 부족한 산소를 들이마시며 콜록거리며 털썩 쓰러지는 복순. 복순 콜록대면서도 실성한 사람처럼 무릎을 꿇은 채 바닥을 기어가, 민규가 밟아 부서진 핸드폰부터 잘 끊어졌는지부터 확인한다. 그런 복순을 안타깝게 바라보는 민규. 이제야 상황 파악이 되는 듯 한숨을 내쉰다. 핸드폰이 부서진 걸 확인하고는 앉은 채로 안도하며 가슴을 쓸어내리는 복순. 거의 울 듯한 복순의 얼굴. 그런 복순을 안쓰럽게 바라보는 민규, 고개 숙이며 몇 걸음 걷다가 심각한 목소리로 입을 연다.

민규 청소부들은 직원들 시체 나오면 각 회사에 보고하기로 돼 있어. 이건 걔네들 규칙이라 나도 카바 칠 수 있는 영역이 아니야.

복순 (자리에서 천천히 일어서며) .. 오늘은 그냥 들어갈게요.

민규 내일 아침이면 다른 회사들 귀에 다 들어갈 거다. 너 위험해.

복순 동생한테 안부나 전해줘요. 내가 곧 보러 간다고.

민규를 지나치며 가는 복순. 그런 복순의 팔을 붙잡고 돌려세우는 민규. 복순의 팔을 붙잡은 채 대화하는 두 사람.

민규 너 차이사 못 건드려. 니 계약서 준비 걔가 할 거다.

복순 장난해요?

민규 니가 계속 M.K 소속이어야 내가 널 지킬 수 있어.

복순 와.. 감동적이다. 혹시 손수건 있나?

민규 회사들 자존심이 걸린 문제야. 자기 직원들이 이유도 모르고 죽었어. 아마 니 시체 볼 때까지 달려들 거야.

복순 (독기 서린 눈으로) 그 이유를 내가 말해 주면요?
M.K 차민희 이사가 사적으로 길복순 잡을려고
당신네 직원들을 이용했다. 그럼 걔네가
보고 싶어 하는 시체는 과연 나 길복순 하나일까?

민규 그럼.. 내가 여기서 널 죽여야겠지.

민규의 말에 옅은 헛웃음이 새어 나오는 복순, 민규를 빤히 바라본다. 마치 진심이냐고 묻는 듯한 눈빛. 민규도 진지한 표정으로 복순을 바라본다. 진심이라고 대답하는 듯하다. 서서히 얼굴에 웃음기가 사라지는 복순.

민규 나도 마음이 아플 거다.. 니 딸이 고아가 되면.

민규의 말에 눈매가 매섭게 변하는 복순. 갑자기 민규에게 칼을 꺼내 달려들어 공격한다. 이를 막아내는 민규. 몇 합을 주고받는 두 사람. 그러나 이도 잠시, 민규가 복순의 몸에 칼을 꽂는다. 순간, 헉하는 복순. 괴로운 듯한 민규의 표정. 다시 민규를 바라보는 복순의 얼굴로 돌아오면.. 순식간에 지나간 이 짧은 몇 합의 액션은 복순의 상상이었다. 수 싸움에서 자신의 죽음을 본 복순. 눈빛이 흔들린다. 복순의 팔을 붙잡은 채로, 복순을 여전히 무표정하게 바라보는 민규.

민규 어떡할래.

말없이 고개를 떨구는 복순.

복순 내일 출근할게요.
민규 ... (복순을 붙잡은 팔을 놓으며) 계약서 준비시킬게.

민규, 복순의 손에 쥐어진 부서진 핸드폰을 바라본다.

민규 벽을 쌓고 있는 건.. 너도 마찬가지 아니야?

복순, 핸드폰을 주머니에 숨기듯 집어넣고는 민규의 시선을 피해 고개를 돌려 자리를 피해 있는 영지를 바라본다. 걱정스러운 표정으로 바라보고 있는 영지.

복순 .. 그리고 걘 아무 잘못 없어요. 그냥 자르긴 아까운 애예요.

영지를 바라본 채, 걱정하지 말라는 듯 미소를 지으며 고개를 끄덕여 보이고는 몸을 돌려 나가는 복순. 영지, 복순의 뒷모습에 꾸벅 인사하며 외친다.

영지 ... 수고하셨습니다. 선배님!!

복순의 뒷모습을 바라보던 민규, 영지의 인사 소리에 고개를 돌려 그녀를 바라본다. 민규의 시선을 받자 잔뜩 긴장한 영지.
픽 웃음 지으며 영지에게 다가가는 민규.

#69

복순의 차 안 (실내/밤)

속옷 차림으로 백미러를 보고 얼굴과 몸에 묻은 피를 꼼꼼히 닦아내는 복순. 그리고는 생수를 부어 피 묻은 손을 씻어내는 복순. 손톱 사이에 굳은 피를 신경질적으로 박박 문질러 닦는다.

#70

복순의 집 (실내/밤)

엄마를 기다리고 있는 재영. 삑삑삑- 번호 키를 누르고는 현관문을 열고 복순이 들어온다. 문을 열고 들어오자마자, 복순에게 외치는 재영.

재영 어떻게 된 거야! 그렇게 끊어버리고 전화는 왜 안 받아!! 무슨 일 생긴 줄 알고 얼마나 걱정했는지 알아?

복순 (부서진 전화기를 보이며) 아.. 떨어뜨렸어.. 넌 무슨 일이야?

재영 (그렁그렁한 눈으로 엄마를 바라본다) ...

복순 아무 일 없었어.. 넌 무슨 일인데.

재영 나도 아무 일 없었어.

재영, 휙 돌아서서 거실로 걸어간다. 피곤하게 신발을 벗고 그런 재영을 따라가는 복순.

복순 (따라가며) 하아.. 길재영..!

재영 (멈춰 서며) 소라랑 끝났어.

복순 ... 왜..?

재영 엄마한테 얘기했다고 했더니.. 연락하지 말래..
자긴 다 장난이었대.. (울먹) 나 좋다고 한 것도..
키스 한 것도..

복순, 재영을 바라본다.

재영 (울음 섞인 헛웃음) 자긴 그런 애 아니래..

복순 그래서.. 너는 그런 애고..?

재영 어! 그래서 엄마도 아까 도망간 거 아냐?

복순 ... 미안해..

재영 (고개를 저으며) 이런 일 생기니까 확실히 알겠어.
내가 알아서 잘 숨기고 살게.

복순이 터지듯 입을 연다.

복순 미안하다고 하면 그냥 좀 받아주면 안 돼?
넌 꼭 이렇게 바보 같은 엄마 만들어야
직성이 풀리니? 그리고! 니가 잘못한 게 없는데
왜 숨기고 살아야 돼!

여전히 눈물 고인 눈으로 복순을 바라보는 재영.
복순도 울컥하는지, 두 손으로 얼굴을 감싸 쥔다. 두 사람 사이에 침묵이 흐른다.

재영 ... 엄마는 무슨 일이야..?

복순 (얼굴을 감싸 쥔 손을 내리고) ...

재영 ... 말하기 싫음 안 해도 돼.

복순을 빤히 바라보는 재영. 그런 재영을 바라보는 복순의 얼굴에서 민규의 목소리.

민규(E) 벽을 쌓고 있는 건.. 너도 마찬가지 아니야?

복순이 소파에 천천히 걸어가 앉으며 입을 연다.

복순 같이 일하는 사람들이 있었는데.. 오늘 나한테
좀 못되게 굴었거든..? 그래서 좀 다퉜어..

재영 .. 왜?

복순 일하다 보면 종종 있어. 그런 일들이.. 지들도 살아야
되니까..

재영 ...

복순 넌 장난이었다는 소라 말 믿어? 안 믿지?
걔도 지 살려고 그러는 거야.

재영 그래서.. 엄만 어떡할 건데?

복순 끝냈어.. 난. 이젠 볼 일 없어.

재영 쿨하네.. (복순의 옆에 앉으며) 사실 나는 안 끝났어..
내가 소라를 많이 좋아하나 봐.. 이렇게 될 줄 알았음
차라리 철우 그 쪼다랑 한 달 사겨버릴 걸 그랬어.
그럼 소라랑도 안 헤어지고.. 엄마가 원하는
학교도 계속 다닐 수 있었는데..

복순 그러게.. 근데 왜 안 그랬어?

재영 (잠시 생각하다) .. 떳떳하고 싶었어. 나한테..

복순 (재영을 바라보다) .. 멋있네, 길재영.

복순 대견한 듯, 재영의 머리를 쓰다듬는다. 나른해 보이는 두 모녀. 그때 재영이 입을 연다.

재영 엄마.. 근데..

복순 (미소 지으며) 응..

재영 ... 나 엄마 가방에서 총 본 적 있어.. 가짜 여권이랑..
(순간, 거의 영혼을 잃은 듯한 표정의 복순.
흔들리는 복순의 눈동자. 이를 바라보는 재영)

재영 엄마 다니는 회사..

복순 (무슨 말을 해보려는데 입이 떨어지지 않는다)

재영 .. 국정원이야?

순간 '응?' 하는 복순의 표정.

재영 인터넷에서 찾아봤더니 좀 말이 되더라.

복순 ... (한숨) 재영아.. (연기) 엄마는.. 아무 말 안 했다?

재영 (확신하며 끄덕) 아, 기밀. (안도의 한숨) 그치.
엄마도 진짜 힘들겠다..

복순 (끄덕) 응, 우리 둘 다. 나 좀 씻을게.

복순, 도망치듯 화장실로 가려는데.. 그 앞에서 복순을 불러 세우는 재영.

재영 엄마, 나 하나만.

복순 (돌아보면)

재영 그 총.. 진짜 쏴 본 적 있어?

복순 (아무렇지도 않게) 응. 사격 연습할 때?

복순의 대답을 듣고 다행인 듯 웃는 재영. 재영이 웃자, 미소 지으며 화장실로 들어가는 복순. 복순이 화장실로 들어가자 웃음이 천천히 사라지며 화장실 문을 응시하는 재영.

#71

복순의 집 화장실 (실내/밤)

화장실 문에 기대어 입을 틀어막고 놀란 가슴을 진정시키는 복순. 놀람과 당혹감이 사라지지 않은 눈빛. 일단, 밖에 물소리를 들리게 하려고 세면대에 물을 트는 복순. 화장실 벽을 사이에 둔 모녀의 모습이 보인다.

#72

지하 방공호 연회장 입구 (실외/오전)

고급 세단이 주차되어 있는 지하 방공호 연회장 외부 전경.
연회장 밖에는 각 회사의 수행원들로 보이는 사람들이
삼삼오오 모여서 담배를 피우며 담소를 나누고 있다. 정장파들,
스트릿파들, 개량 한복파들.. 각각 회사의 개성을 보여주는
직원들. 날카로운 눈빛으로 서로를 경계하며 대화를 나누는
분위기가 심상치 않다.

#73

지하 방공호 연회장 (실내/오전)

연회장에 중구난방으로 모여 선 채로 이야기를 나누고 있는
각 회사의 대표들.

배대표 길복순이든 킬복순이든 이거 이래는 못 넘어간다.
내도 내 인생 갈아 넣어 세운 회산데..
직원들 보기 면이 안 선다 아이가!

용대표 근데 길복순급이 움직인 거면 M.K가 무슨
의도가 있는 건 아닐까요?

석대표 에이. 청소부들 얘기로는 술자리에서 벌어졌다던데..
개인 일탈이겠지.

회의 테이블에 발을 올리고 기대어 앉은 신상사가 입을 연다.

신상사 개인 일탈.. 뭐 그럼 간단하네요. 그 미친년이
시체가 되면 되겠네.

용대표 근데.. M.K가 길복순이를 쉽게 내놓으려나..
차대표가 제일 아끼는 칼인데.

기대표 내놓아도 문젤세. 길복순이 전성기 땐 회사 한 개
병력이라고 했어. 이건 M.K 내부에서 처리해 주는 게
서로 덜 피곤한 법이네.

신상사 아.. 그건 내가 싫은데요? 내놓으라고 하시죠.
길복순이나 사마귀는 내가 한번 맞잡아 보고
싶었거든.

배대표 신상사가 직접 나서 주면.. 우리야 좋지.
근데 진짜 괜찮겠어..?

신상사 (엄살 떨듯 몸을 부르르 떨며) 어우..~ 근데요..
(테이블의 발을 내리고) 이게 진짜 개인 일탈일까?

#74
M.K 사옥 로비 (실내)

M.K 로비 안으로 들어오는 복순. 데스크의 직원이 인사를 한다.
복순, 데스크를 지나 검색대 앞에서 키 카드를 가져다 댄다.
'등록되지 않은 카드입니다. 다시 대 주세요.' 열리지 않는 검색대.

그때 뒤에서 민희의 목소리가 들린다. 돌아보면 민희가 테이크아웃 커피를 들고 걸어온다.

민희 어머 미안, 언니. 나 언니 죽을 줄 알고 카드 해제시켰는데..

복순 ...

민희 (다가와 웃으며 커피를 내민다) 아메리카노 맞죠? 시럽 없이.

복순 ... 웃지 마. 송곳니 보인다, 너.

민희 조심해요. 물리면 아프다?

복순 응, 따끔하더라.

#75

지하 방공호 연회장 (실내/낮)

신상사가 대표들에게 입을 열고 있다.

신상사 아무리 길복순이가 전대미문의 썅년이래도, 술 먹고 지 기분대로 다른 회사 직원들을 썰어버렸다? 납득이 되십니까?

용대표 그래, 내 말이!! 근데 대체 왜?

신상사 들어봅시다. 진짜 개인 일탈이면 우리한테 바로 길복순이를 던져줄 거고, 혓바닥이 길어진다면.. 차대표도 규칙을 어긴 한 패거릴 수도 있는 거지.

신상사의 말에 웅성대는 대표들.

신상사 근데 선배님들.. 이거 차대표 앞에서 따져 물을 수 있으시려나?

배대표 그럼 물어야지!! 그 뭣 같은 규칙 만들자꼬 한 게 누군데! 그거 하나 어길 때마다 직원들 다 죽이라캐서 회사들 주저앉히고. 내 이번엔 더 이상..

그때 문이 열리며 들어오는 민규. 순간 조용해진 연회장. 대표들 서로 눈치를 보며 자리에 앉는다. 민규가 말없이 걸어온다. 민규의 등장에 다들 눈치만 보는 대표들. 이를 보다 킥킥대는 신상사.

신상사 아.. 다들 진짜 반응들 참 본능적이시다. (민규에게) 오늘 차이사님은 안 보이시네?

민규 네. 맡겨놓은 일이 좀 있어서. 다들 일찍 모이셨네요. (자리에 앉으며) 시작할까요?

#76

M.K 대표실 (실내/낮)

엘리베이터 문이 열리며 사무실로 들어가는 민희와 그 뒤를 따라 들어오는 복순. 사무실로 들어와 민규의 데스크로 걸어가는 민희.

민희 오빠 지금 한창 일 해결하는 중일 거야. 참 대단해.. 왜 언니는 오빠 규칙 밖에서 존재할까? 궁금해. 길복순이 뭐라고.

복순 대표님이 잘 해결하셔야 동생분 모가지도 온전하실 텐데?

민규의 데스크에 도착해서 민규의 의자에 앉는 민희.

민희 (웃음) 나요..? (끄덕이며 계약서를 앞에 놓으며)
그래서 우리가 계약을 하는 거잖아.
운명 공동체 서약.

복순에게 펜을 내미는 민희. 데스크 위, 펜과 계약서 옆에 놓여진 낡은 큐브를 힐끗 바라보는 복순.

민희 걱정 마. 나도 너랑 진짜 잘 지낼 생각 없어요.
하던 대로 서로 적당히 빙그레 씨발 하자구.

피식 웃고는 펜을 받아 드는 복순. 계약서를 펴며 입을 연다.

복순 (앉으며) 궁금하네, 어떤 시나리온지.
우린 운명 공동체라니까.

#77

지하 방공호 연회장 — 회의실 (실내/낮)

회의실에 앉은 대표들이 희성이 블랙박스에 찍힌 사진을 보고 있다.

민규 저번 무허가 작품 주인공은 불미스럽게도
우리 M.K 직원 한희성이었습니다.
대표님들께 먼저 죄송하다고 말씀드립니다..

사진을 확인하는 신상사. 민규의 말을 예상했다는 듯 픽 웃는다. 말을 이어가는 민규.

민규 저는 회사 내부에서 이를 최대한 깔끔히 정리하기 위해 길복순한테 일을 맡겼습니다. 어젯밤, 길이 한을 정리하는 과정에서 한이 저항을 했고.. 그리고 평소 한과 친하게 지내던 타회사 직원들이 한의 편을 드는 과정에서..

배대표 잠깐만요, 잠깐! 지금 우리 직원이 뭐.. 규칙 어기는 데 동조를 했다.. 이 말이십니까?

민규 아뇨.. 그저 친구를 도우려는 마음이겠거니 생각합니다. 안타까운 마음에 우리 M.K에서 충분한 보상을 하려고 합니다.

용대표 (눈빛이 바뀌며) 충분한 보상이라면은.. 얼마나..

배대표 지금 그게 중요합니까!! 사실 관계부터 제대로 짚고 넘어가야 되는 거 아입니까!

용대표 아니, 왜 나한테 소리를 지르고 그래! 우리 쪽도 피해자야!!

기대표가 제지하며 민규에게 말한다.

기대표 자, 자!! 그럼 길복순이를 위원회 출석시켜서 얘길 들어보는 건 어떻겠나?

민규 네. 곧 그렇게 하시죠. 지금은 부상 치료 중이라..

신상사가 불쑥 끼어든다.

신상사 그럼 그 아이는요? 청소부들이 길복순이랑 같이 있던 여자애를 봤다고 하던데.. M.K 인턴이죠? 김영지.

민규 (웃음) 나보다 우리 회사 직원들을 더 잘 아시네.

신상사 나도 탐내던 애라.. 걔부터 출석시킵시다.

민규 ... 그 친구 행방은 우리도 찾고 있습니다.

#78
상가 식당 앞 골목 (실외/밤) — 플래시백

68씬의 마지막 장면. 복순이 차 쪽으로 걸어가는데 영지가 뒤에서 인사를 한다.

영지 수고하셨습니다! 선배님!

민규가 영지를 뒤돌아보고는 피식 웃으며 다가간다.
저 멀리 복순의 차가 멀어진다.

영지 .. 저 진짜 괜찮겠죠?
민규 (앞으로 걸어가며) 왜..? 넌 존경하는 선배를
도운 거잖아.. 두 번씩이나..
영지 (뒤따르며) 네..?
민규 (웃음) 기억 안 나? 나한테 거짓말한 거..
영지 아.. (머쓱) 죄송합니다.
민규 .. 죄송하면 안 되는데.. (걸음을 멈추고 한숨)
거짓말은 끝까지 뻔뻔하게. 그게 거짓말인지
알고 있는 사람한테도..
영지 ...
민규 (영지의 얼굴을 쓰다듬으며) 근데.. 그게 참 어렵지?
영지 ..!! (뭔가 잘못된 걸 느끼고 멈추고)
아.. 할 수 있어요. 끝까지.. 뻔뻔하게..!
(다급) 대표님. 저 진짜..!!

영지의 말이 끝나기도 전에 목에 칼을 넣어버리는 민규.
힘없이 푹 주저앉는 영지.

#79
M.K 대표실 (실내/낮)

복순의 무표정한 얼굴 위로 민희의 목소리가 들린다.

민희(E) 문제를 해결하는 제일 쉬운 방법은 문제를 없애는 거잖아.

복순 ...

#80
지하 방공호 연회장 — 회의실 (실내/낮)

회의실 민규의 얼굴 위로 신상사의 목소리가 들린다.

신상사(E) 말이 됩니까? 이 일을 유일하게 목격한 사람이 갑자기 사라졌다?

석대표(E) 무서워서 도망갔나 보죠.. 아직 어린 훈련생 아닙니까.

#81
M.K 대표실 (실내/낮)

복순에게 입을 여는 민희.

민희 기지배.. 나도 참 아까워.. 근데 뭐 어쩔 수 없지. 우린 지켜야 할 게 많은 사람들인데..

복순 그치. (계약서를 내려보며) .. 여기?

민희가 끄덕이자, 복순이 계약서의 서명란에 천천히 자신의 이름을 쓰기 시작한다. '길..'

#82

지하 방공호 연회장 — 회의실 (실내/낮)

기대표 정리하듯이 입을 연다.

기대표 자, 오늘은 이쯤 해서 마무리하시고 다음 회의 때 길복순을 출석시켜..

신상사 아 씨발 진짜.. 우리 아파트 동대표 회의도 이렇게는 안 끝냅니다.

민규 ...

신상사 (일어서며) 차대표님. 제가 친애하는 선배님들 대신해서.. 속 시원하게 말 좀 합시다. (민규 쪽으로 걸어가며) 사실 여기 우리 다 속으로는 비슷한 생각들을 하고 있어요. 이거 뭔가 이상하다.. 너어~무 이상하다.. 길복순이 뿐만이 아니라.. 우리 차민규 대표님께서도 같이 규칙을 어기신 건 아닌가.. 그런 합리적인 의심이 듭니다. 안 그렇습니까?

신상사의 말에 대답 없는 대표들. 약간 동조하는 분위기. 이를 물끄러미 바라보는 민규.

신상사 하나 더! 이번 무허가 작품.. M.K 직원이면 책임지신다면서요.

민규의 앞에 서서 테이블에 발을 올리고 바짓단을 걷어 올리는 신상사. 발목에 착용한 칼집에서 군용 나이프를 꺼내 민규의 앞에 내려놓는다.

신상사 어떻게... 진짜 목이라도 내놓으시려나..?

민규 말없이 테이블에 놓인 칼을 바라본다. 긴장한 표정으로 두 사람을 바라보는 대표들.

민규 (신상사에 시선을 주지 않고 대표들에게)
다들 오해가 있으신 것 같은데... 저는 규칙을
어길 수가 없습니다.

테이블 앞에 놓인 칼의 칼날 부분을 손으로 잡고 자리에서 일어서는 민규.

민규 왜냐면.. 내가 규칙이니까..

칼날을 힘주어 쥐고있는 민규의 손에 피가 흐른다. 순간, 무언가 이상한 감을 느끼고 다시 민규의 얼굴을 바라보는 신상사. 그때, 몸을 돌려 칼날을 잡은 채 손잡이로 신사장의 얼굴을 퍽!! 내려치는 민규. 신상사의 얼굴에서 뼈 부서지는 소리가 나며 피가 튄다. 갑작스러운 공격에 쓰러지는 신상사의 뒷덜미를 잡고 얼굴을 계속 내려치며 얘기하는 민규. 퍽! 소리가 날 때마다 바닥에 이빨이 튄다. 언 채로 이를 지켜보는 대표들.

민규 첫째, (퍽!) 미성년자는 건드리지 말 것! (퍽!)
둘째, (퍽!) 회사가 허가한 작품만 할 것! (퍽!)
셋째, (퍽!) 회사가 허가한 작품은 반드시

트라이 할 것! (퍽!)
넷째, (퍽!) 신성한 회의에 장비 꺼내지 말 것! (퍽!)
(피투성이가 된 신상사를 테이블에 버리고는)
마지막 껀 방금 만들었는데.. 어떻습니까..?

피투성이가 된 신상사를 바닥에 버리듯 던지고는 대표들을 바라보는 민규. 숨죽이고 말없이 민규를 바라보는 대표들. 칼날을 쥔 민규의 손에서 피가 흐른다. 다들 침묵인 가운데 얼굴이 붉으락푸르락한 배대표가 일어서서 확 나가버린다. 몇몇 대표가 배대표를 따라 회의장 밖으로 나간다. 그 뒤에 대고 외치는 민규.

민규 또 합리적인 의심이 있으신 분.. 계십니까?
이 차민규의 목을 갖고 싶다!! 없어요?

남아있는 대표들에게 입을 여는 민규.

민규 혹시 또 제 목이 필요하시면.. 저한테 피 묻은 칼을 보내 주시죠. 언제든지 받아들이겠습니다.

피투성이 된 칼날을 테이블에 던진다.

#83
M.K 로비 (실내/낮)

데스크 직원에게 피투성이가 된 손으로 피 묻은 펜을 건네는 복순. 놀란 직원이 복순을 올려본다.

복순 대표님한테 전해요. 시간이랑 장소 정하라고.

얼떨떨해하는 직원에게 펜을 건네고는 나가버리는 복순.

#84
M.K 대표실 (실내/낮)

목에 구멍이 뚫려 피를 뿜으며 눈을 뜬 채 죽어 있는 민희.
그 위로...

오의원(E) 정말로... 억울한 죽음이 아닐 수 없습니다..!!

#85
복순의 집—거실 (실내/오후)

꽉 찬 TV 화면에 자신의 아들의 죽음을 억울해하는 오의원이 눈물의 인터뷰를 하고 있다.

오의원 저의 아들은... 이제 겨우 스물이 된 착실하고 훌륭한 청년이었습니다.. 이것은 단순 자살이 아니라..! 못난 어른들의 정치싸움에 의한.. 타살입니다.. (울먹) 하늘에서.. 저를 보고 있을 아들에게... (울먹)

결국 말을 잇지 못하고 오열하는 오의원. 터지는 플래시.
사과를 베어먹으며 TV를 보는 재영, 오의원의 인터뷰 영상을 흘깃 본다. 그때 거실에 있는 집 전화기가 울린다. 베어먹던 사과를 옆에 두고 전화를 받는 재영.

재영 여보세요.. (대답이 없자) 여보세요?..

#86

M.K 사옥 — 대표실 (실내/오후)

노트북 화면에는 복순이 민희의 목을 펜으로 찌르는 CCTV 영상이 나오고 있다. 칼날에 다쳐 피에 물든 손으로 핸드폰을 든 채, 의자에 앉아 이를 지켜보고 있는 민규,

재영(E) 여보세요..?
민규 니가 재영이구나.. 엄마한테 얘기 많이 들었어.

#87

복순의 거실 + M.K 대표실 교차 (실내/오후)

재영과 민규의 통화가 서로 교차편집 되어 보여진다.

재영 누구신데요..?
민규 엄마랑 같이 일하는 아저씨야.
재영(E) 아.. 이벤트 회사요?
민규 ... 응.
재영(E) 엄마 핸드폰 망가져서 집으로 하셨구나.
아직 안 들어오셨는데...
민규 그래. 알았다..

민규가 수화기를 내리려는 순간 전화기 너머로 재영의 목소리가 들린다.

재영(E) 저기요!

다시 핸드폰을 귀에 대는 민규. 재영이 조심스레 민규에게 묻는다.

재영 하나만 여쭤봐도 돼요?
민규(E) ...
재영 엄만 회사에선 어때요?
민규(E) ...
재영 그냥 궁금해서요.. 저는 집에서만 보니까..
민규 참 잘해 니네 엄마.. 그리고.. 일을 좋아하고..
또 궁금한 건?
재영 (끄덕) ...들어오시면 뭐라고 전해드릴까요?

/M.K 대표실

민규 ....
재영(E) 여보세요..?

민규, 재영의 말에 대답 없이 노트북을 바라본다.
노트북 안에는 민희를 죽이고 CCTV를 바라보고 있는 복순의
모습이 멈춰져 있다. 그리고 노트북 옆에 놓인 피 묻은 펜.
그 위로 민규의 목소리.

민규(E) 메시지 잘 받았다고..

#88

복순의 집 지하 주차장 (실내/해 질 녘)

주차된 복순의 차 시동이 꺼진다. 내리지 않고 의자에 기대어 생각에 잠긴 복순. 그 위로 민규의 목소리.

민규(E) 이따 사무실에서 뵙자고 전해줄래?

#89

성당 외경 (실외/저녁)

하늘에 실낱처럼 천천히 눈이 내린다. 검은색 정장을 입은 대표들이 성당으로 들어가며 속닥인다.

석대표 차이사를 죽인 게 길복순이라며요..?
일이 어떻게 돌아가는 거야..

#90

성당 안 (실내/저녁)

성당에 놓인 관 위에 민희의 영정사진. 장례미사가 진행되고 있다. 기도문을 외우는 신부. 이를 텅 빈 표정으로 바라보는 민규. 그 위로 이어지는 용대표 목소리.

용대표(E) 이건 M.K 내부 소슨데.. 길이 차대표한테 피 묻은 칼까지 보냈다네요.

뒤쪽에서 대표들이 앉아서 민규를 흘깃흘깃 바라본다.
기도하는 조문객들 사이 눈 뜬 채로 무표정하게 서 있는 민규.

기대표(E) 그게 사실이면 차민규가 받을 수밖에 없지..

#91

복순의 집 — 주방 (실내/밤)

식탁에서 말없이 밥을 먹고 있는 복순과 재영. 그 위로 이어지는 기대표의 목소리.

기대표(E) 아무리 길복순이라도 무리야..

복순이 재영에게 이것저것 반찬을 챙겨 준다. 그러다 복순, 밥에 목이 메는 듯 물을 마신다. 이를 바라보는 재영. 복순, 젓가락으로 시금치를 집어 재영이에게 건넨다.

재영 (싫은 듯) 아..
복순 시금치도 먹어봐. 니 나이 때는..

복순의 잔소리가 끝나기 전에, 밥 위에 올려진 시금치를 먹는 재영. 복순도 그 모습을 보고는 자신도 밥을 먹는다.

재영 엄마.. 나 그냥 다 말하고 이 학교 계속 다닐까 봐.
엄마두 내가 그랬음 좋겠지?
복순 괜찮겠어..?
재영 ...
복순 (다시 밥 먹으며) 사실 나도 시금치 싫어해. 써.

복순의 말에 미소 짓는 재영, 다시 밥을 먹는다. 그리고는 엄마의 눈치를 흘깃 보다가..

재영 ... 오늘 늦어..?
복순 ... 가봐야 알 것 같은데.. 사실 몸에 나쁜 게 더 맛있더라.

복순, 스팸을 젓가락으로 반 잘라서 재영에게 건네고 나머지는 자신이 먹는다.

#92

M.K 사옥 — 대표실 (실내/새벽)

엘리베이터 문이 열리면 상주복을 입은 민규. 사무실 한가운데 들어와 우두커니 선다. 고개를 돌려 어딘가(데스크)를 바라보는 민규.

#93

복순의 집 + M.K 대표실 (실내/새벽) — 교차편집

/드레스룸
전 씬의 민규의 시선을 받아, 거울을 보며 머리를 질끈 묶는 복순.

/재영의 방
불 꺼진 침대에 누워 눈을 뜨고 있는 재영.
잠이 오지 않는지, 일어나 침대에 걸터앉는다.
그 위로 찰칵찰칵 소리.

/대표실

데스크 의자에 앉아 붕대 감은 손으로 천천히 큐브를 돌려 맞춰보는 민규. 큐브를 맞추는 소리가 찰칵찰칵 들린다.

/복순의 거실

재영의 방문 앞에 우두커니 서 있는 복순. 그러다 이내 현관문으로 향한다. 그런 복순의 모습 위로 전 씬의 민규의 큐브 맞추는 찰칵찰칵 소리가 들린다. 나가면서 거실 불을 끄는 복순.
찰칵찰칵-

/대표실

조금씩 빠르게 큐브를 맞추는 민규의 손. (인서트)

#94
복순의 빌라 주차장 (실외/새벽)

주차된 자신의 차로 다가가 차 문을 열고 타는 복순. 찰칵찰칵 민규의 큐브 맞추는 소리가 점점 빨라진다. 찰칵, 찰칵, 찰칵..
차에 시동을 거는 복순의 굳은 얼굴. 곧이어 주차장을 빠져나가는 복순의 차. 복순의 차가 빠져나가자 구석에 주차되어 있던 차 문이 열리며 한 사내가 가방을 손에 들고 내린다.
민규의 수행비서 경표다. 경표의 얼굴이 보이는 순간, 어느덧 민규의 큐브 소리도 더 이상 들리지 않는다.

#95

M.K 대표실 (실내/새벽)

데스크 위에는 어느새 다 맞춰진 큐브가 놓여 있다. 그리고 데스크 옆 피 묻은 붕대가 풀어져 있다. 칼날에 베어 피가 굳어있는 민규의 오른손. 부상당한 손을 숨기려는 듯, 양손에 가죽 장갑을 낀다. 그리고는 시험 삼아 주먹을 한번 쥐었다 펴보는 민규. 살짝 찡그린다.

#96

M.K 사옥 전경 부감 (실외/새벽)

거센 눈보라가 휘날리는 M.K 사옥이 보이는 시내가 부감으로 보인다. 텅 빈 건물 앞 도로로 복순의 차가 들어와 멈춘다.

#97

M.K 로비 (실내/새벽)

왼손에 칼을 쥐고 텅 빈 로비로 성큼성큼 들어오는 복순. 안내 데스크 직원이 카드를 내민다.

직원 위에서 기다리고 계십니다.
복순 (카드를 받으며) 퇴근 안 해요?
직원 (쭈뼛댄다) 아..
복순 누가 내려올지 궁금하구나..? (뒤돌며) 이따 봐요.

뒤돌아 엘리베이터 쪽으로 향하는 복순.

복순의 자신감에 멍하니 복순의 뒤를 보는 직원.

#98
엘리베이터/M.K 대표실 (실내/새벽)

/엘리베이터
엘리베이터 버튼을 누르는 복순. 엘리베이터가 한 층 한 층 올라간다. 심호흡하며 눈을 감는 복순.

/대표실
한 층 한 층 올라가며 불이 켜지는 엘리베이터 표시등. 이를 바라보는 민규.

/엘리베이터+대표실
눈을 감고 있는 복순. '땡' 소리와 함께 어느새 대표실에 다다른 엘리베이터. 순간, 눈을 뜨는 복순. 엘리베이터 문이 열리면서… 정면으로 멀리 민규가 서 있다. 엘리베이터 문이 다 열리기도 전에 복순을 향해 손에 쥔 총을 겨누는 민규. 이를 바라보는 복순. 바로 당겨지는 방아쇠. "탕!" 총소리와 함께 복순의 바로 뒤 엘리베이터 벽에 총알 자국이 나며 깨진다. 곧이어 "탕! 탕! 탕! 탕!" 연발로 복순의 주변에 총을 쏴대는 민규. 복순의 머리카락이 흩날리며 부서지는 엘리베이터 뒤쪽 벽. 그 와중에 눈도 깜빡이지 않고 자신에게 총을 쏘는 민규를 바라보는 복순. 총을 내리는 민규. 그리고 이어서 복순의 뺨에 한 줄기 피가 주르륵 흐른다. 총알 중 하나가 복순의 뺨을 스친 것이다. 엘리베이터에서 내리는 복순. 복순의 뒤로 엘리베이터 문이 닫힌다. 복순이 민규를 지나쳐 소파 쪽으로 걸어간다. 이를 바라보는 민규. 민규도 천천히 바 테이블로 걸어가 테이블에 권총을 놓고는 위스키 잔에 술을 따른다. 테이블에 민규의 칼 두 개가 나란히 놓여 있다.
이를 바라보다 소파에 앉는 복순.

민규 한잔 할래?

복순 .. 차 가지고 왔어요.

민규 (잔을 들고 소파로 걸어와 앉으며) 동생이 죽었는데 눈물이 한 방울도 안 나오더라.. 내가 이 일을 너무 오래 했나 봐.

복순 선밴 원래 그랬는데..?

민규 넌?

복순 예전엔..?

민규 나도 니가 변했다고 생각했었어.
(술 한 모금) 근데 전혀. 지금 내 앞에 앉아 있잖아.

복순 ...

민규 작별 인사는 하고 왔나?

복순 ...

민규 못 한 거야, 아님 안 한 거야?

복순, 손에 쥔 칼을 꺼내 테이블 자신의 앞쪽에 올려놓는다.

복순 ... 그러게요.. 우린 변한 게 없네..
이렇게 서로 마주 앉아 있는 거 보면..

민규 그깟 종이 쪼가리에 싸인 한번 하는 게 그렇게 힘든 일이었나..? 나는 너 때문에..

더 이상 말을 잇지 못하고 꾹 참아내는 민규. 그런 민규를
빤히 바라보는 복순.

민규 그 영지라는 아이 때문인가?

복순 그 아인 잘못한 게 없다고 내가 말했던 거 같은데..

민규 걔가 없어져야 니 잘못이 없어져.

복순 이미 일어난 일이 없어지진 않죠.

민규 아무도 모르면 그게 아무 일도 없는 거야.

복순 .. 내가 아는데..? (사이) 쪽팔리잖아요.. 나한테..

민규 ...

복순, 시선을 내려 민규의 테이블 앞쪽에 놓인 칼 두 개를 바라본다.

복순 원래 양손 안 쓰잖아.. 오른손인가?

잠시 침묵.

복순

테이블에 자신의 칼이 아닌,

민규의 앞에 놓인

양 칼 중

왼편에 있는 칼을 집어 드는 복순

민규를 향해 휘두른다.

민규도 이와 동시에 자신의 앞에 놓인

칼을 들고

한

손으로 복순의

칼을 막고

또

다른

칼로는 복순의 목을 노린다.

다시 이를 피하는 복순.

서로 테이블을

사이에 두고 서서

빠르게

몇 합을 주고받는

복순과 민규.

그러다 이내 민규의 칼이

복순의 복부를

관통한다.

그 순간,

복순과 민규의 모습이

반투명한 잔상으로 보인다.

그리고 진짜 복순은 여전히 소파에 앉아

자신의 죽음을 보고 있다.

(방금까지의

합은

민규와 복순의 수 싸움이었다)

꿈쩍도 않은 채 민규를 노려보다

눈동자를 돌려 사무실 한쪽을 바라보는

복순.

그러자,

민규의 시선도

복순의 시선을

따른다.

두 사람의

시선이 닿은 곳으로

복순과 민규의 잔상이 프레임 인 되며 전투를 벌인다.

복순을 향해 칼을 휘두르는 민규.

그때,

복순의 잔상이 두 개로 나눠지며

하나의 잔상은

민규의 칼에 베어지고

또 하나의 잔상은

민규의 공격을 피해낸다.

이런 식으로

잔상에서 잔상이 분리되며

경우의 수 싸움을 벌이는 모습.

그리고

곧이어 화면이 넓어지면 사무실 곳곳으로 분리된

두

사람의 잔상들이

결투를 벌이고 있는 모습이 보인다.

복순과 민규가

앉은 채로

수 싸움을 벌이고 있는 것이다.

카메라가

두 사람의 반투명한 모습의 두 잔상들의

싸움을 훑으며 유려하게 움직이는 동안,

두 사람의 실제는 소파에 마주 앉아

서로를 응시하고 있다.

사무실

곳곳에서

벌어지는

수 싸움에서

계속해서

패하는 복순.

그리고

마지막 하나 남은 수 싸움에서조차

민규의

잔상에 의해

죽임을 당하자,

미간이

찌푸려지는

복순의 얼굴.

이를 보던 민규가 미소 지으며 입을 연다.

민규 왜? 수가 안 보이나 봐..?

복순 ...

민규 내가 어느 손을 다쳤든.. 그게 약점이 되진 않을 거야.

복순 (끄덕) .. 선배 약점은 이미 알고 있어요..

민규 (피식) 뭔데..?

복순 나요.. 길복순..

여전히 미소 띤 얼굴로 말없이 복순을 바라보는 민규.

복순 모른다고 생각했어요..?

웃고 있지만 얼굴이 굳어 있는 민규. 이를 바라보는 복순의 눈.

복순 근데 언제부터였어요..?

복순을 빤히 바라보는 민규의 눈동자. 복순을 처음 만났을 때 모습이 스쳐 지나간다.

—인서트: 53씬의 장면. 자신의 아빠를 죽이고 뒤(민규)를 돌아보는 여고생 복순, (민규의 시점) 순간 첫 만남의 음악이 흐르며... (This guy's in love with you)

순간,

흔들리는 민규의 눈동자. (고속)이를 바라보는 복순의 눈.

(고속)테이블에 칼을 집어 드는 복순의 손.

당황한 민규,

자신의 오른쪽 칼을 집는 민규의 손.

휘둘러진 칼. 인서트들. 여러 액션 인서트들.

—인서트: 다시 53씬의 장면. 여고생 복순이 젊은 민규에게 말한다.

복순 이제 나 목격자 아니죠?

이를 멍하니 바라보는 민규. 환하게 웃는 복순의 얼굴.
이 모습을 멍하니 바라보는 민규. 그러다 미간이 찌푸려지며
밑을 바라보면 민규의 셔츠에서 붉은 피가 서서히 번진다.

다시 현재로 돌아오면.. 현재의 민규의 셔츠에도 붉은 피가 배어
나온다. 복순의 칼이 민규를 베었고 민규의 칼은 빗나갔던 것.
뒷걸음질치며 털썩 주저앉는 민규.

민규 ... 처음 봤을 때부터였어..
복순 ... 알아요..
민규 (피식) 나쁜 년..

쿨럭 기침하는 민규. 기침에 핏방울이 튄다. 이를 안타깝게
내려보는 복순. 민규, 힘겹게 장갑을 벗고 복순에게 손을 내민다.
민규의 내민 손을 꼬옥 잡아주는 복순. 민규의 옆에 가까이
앉는다. 고개를 숙인 채, 거친 숨을 내쉬며 말하는 민규.

민규 (거친 숨을 내쉬며) 생각해봤어..

고개 숙인 민규에게 다가가 귀를 기울이는 복순.

민규 (아주 작은 목소리로) 니가 죽든.. 내가 죽든..
뭐가.. 가장..

민규의 말에 귀를 기울이는 복순. 민규의 뒷말이 우리에게는 잘 들리지 않는다. 민규의 말에 표정이 변하는 복순, 눈동자가 흔들린다. 복순 고개를 돌려 뒤를 돌아보면... 벽 위에서 이들을 지켜보고 있는 CCTV.

#99

복순의 집 — 재영 방 (실내/새벽)

태블릿 PC 화면 안에 CCTV를 보고 있는 복순, 그리고 그 앞에 피 흘리며 앉아 있는 민규. 불 꺼진 방 안에서 책상 앞에 앉아 이를 보고 있는 재영. 너무 놀란 나머지, 아무 감정도 느껴지지 않는 재영의 표정. 태블릿 화면 안에서 마치 자신을 바라보는 듯한 엄마를 멍하니 보고 있을 뿐이다.

#100

M.K 대표실 (실내/새벽)

CCTV를 바라보던 복순. 천천히 고개를 돌리며 민규를 바라보는 복순. 피투성이가 된 채, 숨이 꺼져가며 힘없이 복순을 바라보는 민규.

복순 ... (떨리는 목소리) 아니지?

#101

복순의 집 앞 복도 (실내/새벽)—플래시백

경표가 복순의 집 초인종을 누른다.

#102

달리는 복순의 차 안 (실외/새벽)

눈보라가 마치 덤비듯이 차의 앞창으로 휘몰아친다.
차를 운전하며 곧 무너질 것만 같은 복순, 정신 나간 사람처럼 혼잣말을 한다.

복순 아니야.. 아니야... (울컥) 하느님.. 제발요...

#103

복순의 집 (실내/새벽)—플래시백

현관문을 열어보는 재영. 아무도 없다. 두리번거리다 아래를 보면 태블릿 PC가 놓여 있다. 그 위로 복순의 목소리.

복순(E) 제발.. 한 번만요.. 하느님...

#104

달리는 복순의 차 안 (실내/새벽)

운전을 하다 결국 아이처럼 울음을 터뜨리며 흐느끼는 복순.

그 위로 인서트.

민규(E) 너나 나나.. 죽으면 어차피 지옥 간다고.. 했었지?
사는 게 지옥일 수도 있어.

#105

M.K 대표실 (실내/새벽)

피와 눈물로 얼룩진 민규의 눈에 빛이 꺼지며 힘없이 고개를 푹 떨군다. 그 위로..

민규(E) 또 보자..

#106

복순의 집 (실내/동틀 녘)

/거실

불 꺼진 복순의 집. 비밀번호 누르는 소리가 들리며 조용히 문을 열고 들어오는 복순. 집에 들어와 주위를 둘러보는 복순. 조용하다. 복순 천천히 재영의 방 쪽으로 걸어가 문 앞에 선다. 망설이다 떨리는 손으로 문고리를 잡는 복순. 천천히 문을 연다.

/재영의 방

천천히 문이 열리면서 재영의 방을 보는 복순, 침대에서 눈을 감고 자는 척을 하는 재영. 쌔근쌔근 조용히 숨소리만 낼 뿐이다. 둘 사이에 묘한 긴장감이 흐른다. 재영을 바라보는 복순. 복잡한 심경, 뭐라 말을 해야 할지 모르겠다. 이내 천천히 문을 닫는다.

문이 반쯤 닫힐 때즈음, 들리는 재영의 목소리.

재영(E) 엄마..?

문을 닫다 멈추고 재영을 바라보는 복순. 문틈 사이로 복순의 얼굴이 반만 보인다.

재영 늦었네..?
복순 어..? 어.. 깨워서 미안.. 자.
재영 엄마..

재영이 일어나 문 쪽으로 다가온다. 재영, 반쯤 열린 문을 다시 연다. 그제야 복순의 얼굴이 다 보인다. 한쪽 뺨에 보이는 총이 스친 흔적. 복순, 뺨에 난 상처를 가리려는데..

재영 수고했어..
복순 (얼떨떨한 표정) ...
재영 쉬어..
복순 ... 어.. 그래..

미소를 지어 보이며 문을 닫는 재영. 문이 닫히며 암전.

#107
사립학교 전경 (실외/낮)

사복을 입고 운동장을 가로질러 가는 재영의 모습.

#108

사립학교 교실 (실내/낮)

수업하던 여자 선생이 칠판에 무언갈 쓰다 말고 교실 문 쪽을 바라보고 있다. 수업 중이던 학생들도 모두 교실 문 쪽을 바라보고 있다. 교실 문 앞에는 재영이 서 있다.

선생 너 지금 여기 있으면 안 되는 거 아니니?
재영 친구한테 작별 인사 좀 하려구요.

재영, 소라의 자리 쪽으로 성큼성큼 걸어간다. 아이들의 시선이 모두 재영과 소라 쪽으로 향한다. 당황하는 소라. 소라 앞에 선 재영. 소라 앉은 채로 주변 눈치를 살핀다. 그런 소라에게 손을 내미는 재영.

재영 뭘 그렇게 눈치를 봐. 베프 작별 인사도
안 받아 줄 거야?

소라, 어쩔 수 없이 천천히 손을 잡는다.
순간, 손을 잡아끌며 소라를 확 끌어안는 재영. 그리고는 귀에 대고 조용히 입을 연다.

재영 주변 시선이 무서운 건 그래, 이해해. 그렇다고
날 희생양으로 삼으면 안 되지.
소라 …
재영 고민했어. 여기서 너한테 키스를 해버릴까.
아님 그냥 죽여버릴까..

재영의 싸늘한 말에 얼어버린 소라의 얼굴에서 쉬는 시간을 알리는 종소리. 소라와 포옹을 풀고는 웃으며 입을 여는 재영.

재영 근데 난 그거보다 좀 더 나은 사람이 되기로 했어.
(소라의 뺨을 어루만지며) ..잘 지내.

재영, 소라를 뒤로 두고 나간다.

#109

사립학교 복도 (실내/낮)

쉬는 시간에 복도로 나온 아이들 사이로 교실을 빠져나와 복도를 걷는 재영. 그중 몇 명은 정학 중인 재영이 학교에 나타나자 수군거리며 쳐다보기도 한다. 그때, 아이들 사이로 걷고 있는 재영의 시야로 보이는 철우. 목에 붕대를 두르고 친구들과 이야기 중인 철우, 재영과 눈이 마주친다. 그 순간, 얼어붙은 철우.
재영 철우를 바라보며 목과 쇄골 사이를 손으로 가리킨다. 고개를 숙이는 철우. 철우를 힐끗 보고는 피식 웃으며 앞으로 당당히 걸어가는 재영.

#110

시내 커피숍 안 (실외/낮)

커피숍에서 안경을 쓰고 성소수자에 관한 책을 읽고 있는 복순. 한 줄이라도 놓칠까 꼼꼼히 읽고 있는 모습. 그때 테이블 위로 복순의 핸드폰이 울린다. 복순 핸드폰을 한참 바라보다 전화를 받는다.

사마귀(E) 누나, 나 사마귀..

복순 응.

사마귀(E) (심각한 목소리) 어떻게 된 거야? 민규 형..
진짜 누나가 그런 거야?

복순, 말없이 한숨을 쉰다.

사마귀(E) 진짜구나! 대애박! 짱이다 누나! 와아...
근데 말이야.. 누나. 난 이제 어떡하지?
아니, 휴가 갔다 왔더니 회사가 망해버렸네?

복순 마귀야, 우리 나중에 얘기하자.

복순, 전화를 끊고 길 건너편을 바라보다, 옆 의자에 있던 연탄 꾸러미를 들고 일어난다. 복순의 시선으로 오정식 의원이 보좌관들과 차에서 내리는 모습이 보인다. 그 위로..

앵커(E) 속보입니다.

#111

복순의 집 (실내/낮)

편안한 자세로 소파에 거의 누운 채 손에 사과를 들고 TV를 보고 있는 재영. 그 위로 앵커의 목소리..

앵커(E) 이번 국무총리로 지명된 오정식 의원이 오늘 오후
12시 18분경, 차에서 숨진 채 발견되었습니다. 사인은
연탄가스에 의한 질식사로 오의원은 평소 아들의
죽음에 극심한 우울증을 겪었던 것으로 보아..

사과를 한 입 먹으려다가 내려놓는 재영. 화장실 쪽을 한 번 흘깃 보고는 리모컨으로 채널을 바꾼다.

성우(E) ... 잠이 든 사만다 가족에게 하이에나 무리들이 접근을 합니다. 새끼 치타가 성인 치타가 되기까지의 생존 확률은 10프로. (...)

씻고 나왔는지 머리가 젖어 있는 복순이 소파에 들어와 앉는다. 복순이 옆에 앉자, 자리를 비켜주는 재영. 복순의 무릎에 기대어 앉는다.

성우(E) (...) 새끼 치타들을 산 채로 물어뜯는 게 바로 이 하이에나들이죠. 하이에나의 기척을 느낀 사만다가 새끼들을 깨워 도망갑니다. 어젯밤 사막에서 다리를 다친 라라가 뒤처지기 시작합니다.

TV를 집중하며 보는 두 모녀.

복순 ... 이따 뭐 먹을래?
재영 (몸을 일으켜 앉으며) 그냥 시켜 먹자.
복순 콜.

과자를 먹으며 TV를 보는 나른한 두 모녀의 모습. 미소 짓는 두 모녀의 표정, 평화로워 보이지만 서로 각자 다른 생각에 빠진 듯.. 카메라가 서서히 복순의 얼굴로 들어온다.
엄마를 바라보는 재영. TV를 보는 복잡 미묘한 복순의 표정.
다시 애써 미소 짓는 복순의 얼굴에서 암전.

-끝-

원조
전메뉴포장가능

03-231-5648
T.03-231-8722

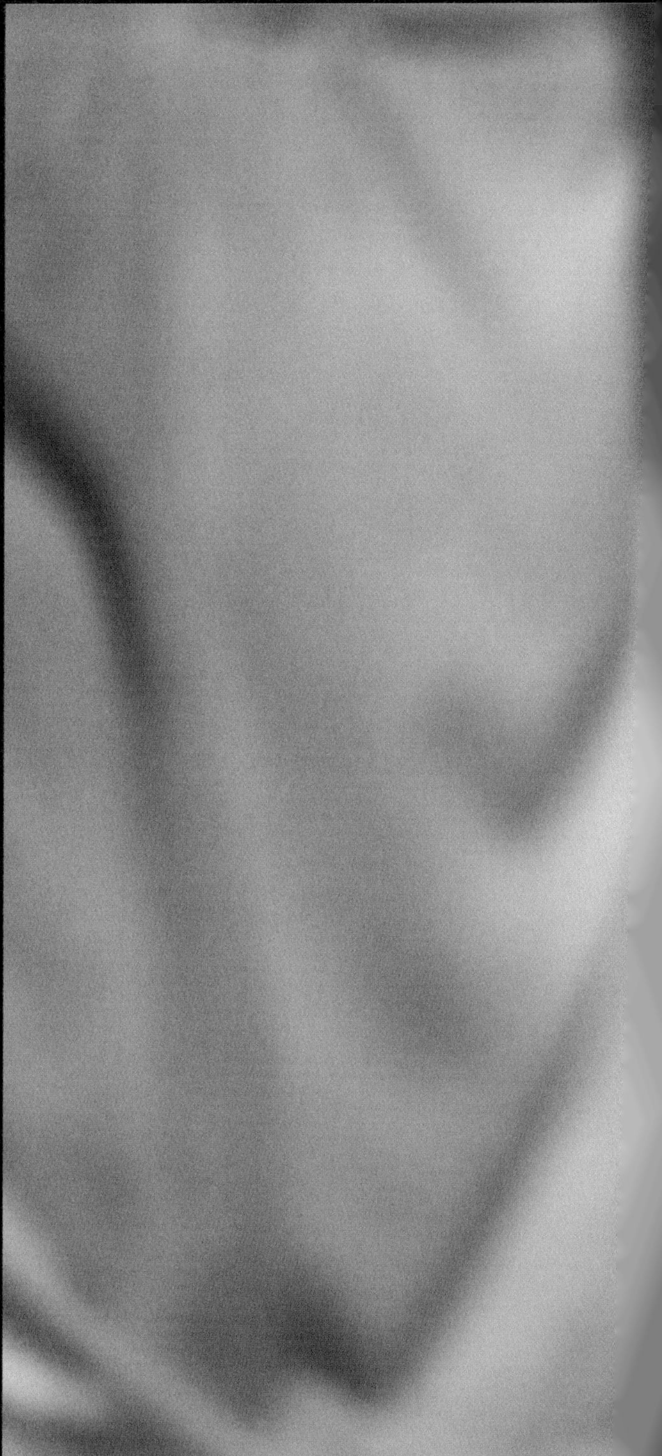

차 민 혁

OUTER BANKS, N.C

프로덕션 디자인

한아름 미술감독

오프닝 시퀀스 컨셉 디자인

'평행서울' 컨셉을 잘 보여줄 수 있는 '한강다리' 위로 설정하고, 강남은 현재보다 발전된 빌딩숲으로, 강북은 낙후된 슬럼가로 보이게 하였다. 짙은 안개가 낀 공사 현장으로, 통행이 폐쇄된 철교에 전철이 지나가는 앵글로 액션씬을 설계하였다.

‘복순의 집’ 컨셉 디자인

사람을 죽이는 킬러가, 생명을 기르는 엄마라는, 복순의 '존재적 아이러니'를 투영한 공간이다. 재영과의 심리적 거리감을 반영한 쿨톤의 두꺼운 벽과 이와 대비되는 곡면의 모서리 구조로 공간 또한 모순성을 반영하고 있다.

'복순의 집' 세팅 이미지

재영을 바라보는 복순의 시선을 투영하여, 재영과 동일시되는 화초를 모든 공간에서 바라볼 수 있도록 실내정원을 설계하였다.

'아케론 BAR' 컨셉 디자인

'아케론 BAR' 입구에 있는 '여기에 들어오는 자 모든 희망을 버려라'라는 현판 문구는 민규의 죽음을 암시하는 설정이다.

'아케론 BAR' 세팅 이미지

실내 공간에는 죽음을 암시하는 '셀레그린' 컬러를 컨셉적으로 사용하였다. 이 공간은 컬러 세계에서 신적인 존재인 민규를 상징해서, 신전의 특징인 네이브(주랑), 아일(측랑), 아케이드(아치기둥) 같은 구조로 디자인 하였다.

'아케론 BAR' 세팅 이미지

메인 액션이 진행되는 'VIP 부스'에는, 실루엣 액션을 만들기 위해 천창 구조로 들어오는 외부 불빛을 역광으로 활용하였다.

'M.K ent' 컨셉 디자인

신적인 존재인 민규를 상징하는 신전의 돔 구조를 설계하여 근대 건물인 '한국은행'을 활용하였고, 민규의 사무실 뒤에 더 높고 모던한 신관을 민희의 사무실로 배치하였다.

'M.K ent' 세팅 이미지

민규의 사무실은 신전 돔 구조와 '단테의 신곡'에 나오는 지옥의 9단계를 형상화한 원형 계단으로 설계하였다.

'M.K ent' 세팅 이미지

민규의 메인테이블 공간은 직선적이고, 대칭적이며, 규칙적인 '아르데코 양식'을 반영하였다.

'허름한 상가 식당' 컨셉 디자인

'평행서울' 컨셉을 바탕으로, 실제 부촌인 유엔빌리지 지역을 공장단지와 슬럼가로 설정해서 상가 식당의 위치를 설정하였다.

'허름한 상가 식당' 컨셉 디자인

카운터 바의 대화 설정을 통해 킬러들의 모습을 회사원으로 비유하였고, 킬러들의 액션과 살인장면의 당위성을 위해서 '두꺼비 국수'를 제외한 주변 상가는 공가로 설정하였다.

'허름한 상가 식당' 세팅 이미지

'두꺼비 국수'는 건물과 건물 사이에 활용성이 없는 브릿지 공간에 위치하여, 은퇴한 킬러 수근의 현실을 보여주고자 하였다.

'방공호(킬러연합 회의장)' 세팅 이미지

민규가 규칙을 만드는 곳인 방공호(킬러연합 회의장)는 신전을 모티브로 하였고,
회의 테이블은 변형된 십자가 형태로 디자인하여, 신적인 위치에서 지배하고 있는 민규의 존재감을 나타내고자 하였다.

'폐수영장(희성의 작업장)' 컨셉 디자인

희성의 작업장을 찾아온 복순의 흔들리는 감정을 물의 물성을 이용하여 표현하였다.

스토리보드

1	한강다리 - 도로 위	S / N	8 CUT
	폐쇄된 한강다리 위. 오다 신이치로를 납치한 길복순.		

1

어두운 화면, 멀리서 기차 소리가 들리고 화면이 밝아지면,

1-2

누군가의 몸에 새겨진 이레즈미 문신이 보이기 시작하고..

2-1

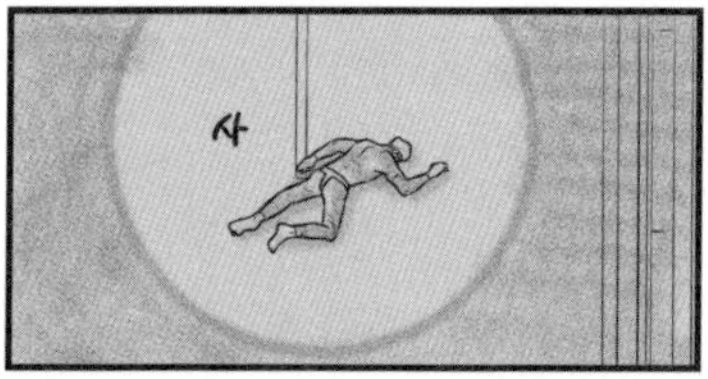

어두운 도로 가운데 삼각팬티 차림의 30대 후반의 남자가 눈을 감은 채 쓰러져 있다.

2-2

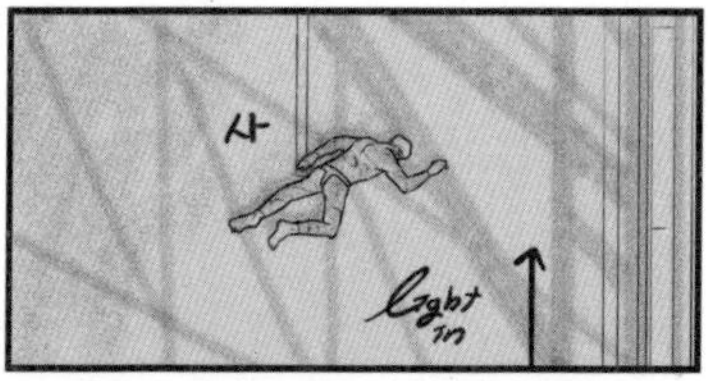

이레즈미 문신으로 뒤덮인 잘 빠진 근육질의 몸, 깔끔하게 넘긴 포마드 머리의 사내. 멀리서 들어오는 지하철 빛으로 사내의 몸을 뒤엎는 다리 구조물의 그림자들. 엎드려 있던 사내가 몸을 뒤집는다.
기차 소리가 커지자 정신을 차린 듯 감은 눈을 천천히 뜨는 사내. 그 위로 사내의 마음 속 목소리가 들린다.
(일본 사무라이 영화의 사극 톤)

사내(E) : (일본어) **어디지, 여긴..?**
どこやここは？
도코야 코코와?

3

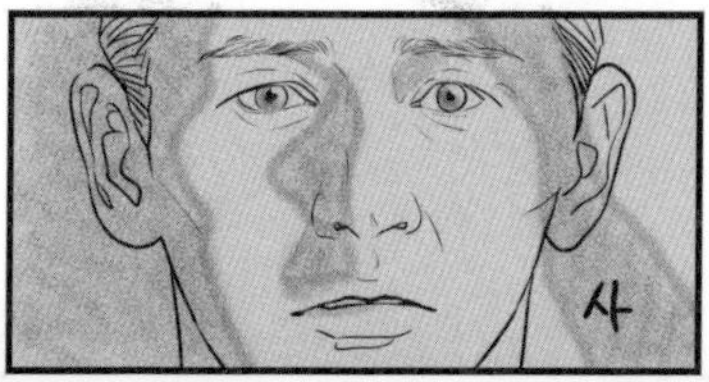

사내(E) : (일본어)**분명 난 호텔에서 잠을 자고 있었는데...**
確かにホテルで寝とったんやけど...
타시카니 호테루데 네톳탕야케도...

1	한강다리 - 도로 위	S / N	8 CUT
	폐쇄된 한강다리 위. 오다 신이치로를 납치한 길복순.		

4

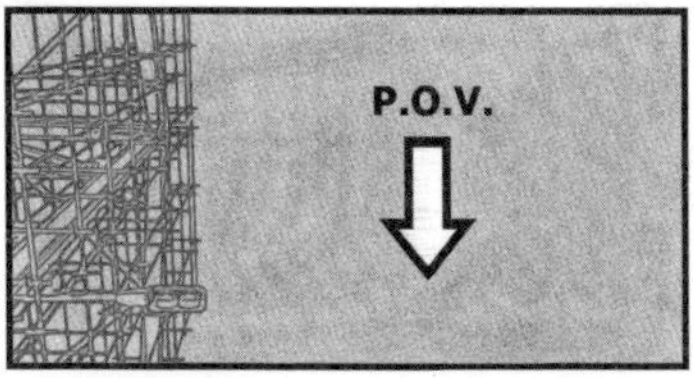

흐릿한 사내의 시야(카메라의 시점)로 보이는
철골 구조물, 일어나서 시선을 옮기면,

4-1

유니폼을 입고 단아하게 머리를 묶은 여인의 모습.
그 여인의 옆으로 한강 다리 너머 철교에서 지하철이
지나간다.

5

사내 반응.

1	한강다리 - 도로 위	S / N	8 CUT
	폐쇄된 한강다리 위. 오다 신이치로를 납치한 길복순.		

6-1

6-2

지하철 소리 때문에, 사내에게 큰 소리로 묻는 여인.

복순 : (일본어) **손님 정신이 좀 드세요? / お客様 気が付かれましたか？**
오캬크사마 키가츠카레마시타카?
사내 : (일본어) **어이, 내가 누군지 알고 이러는 건가..? / おい、わしが誰かわかってこないしとんのか？**
오이, 와시가 다레카 와캇테 고나이시통노카?

사내쪽으로 천천히 걸어가기 시작하는 여인.

복순 : (일본어) **재일교포 2세 오다 신이치로. 한국 이름 김광일. 삼 일 전에 관광차 들어오셨죠?**
在日二世小田信一郎。韓国名はキムグァンイル。三日前に観光で入国されましたね？
자이니치 니세에 오다싱이치로오. 칸코크메에와 키무광이루. 밋카마에니 칸코오데 뉴우코크 사레마시타네?
사내 : (일본어) **나고야에서 보냈나? 도쿄의 사카구치? 아니면.. 부산의 최사장인가?**
名古屋の奴らが送ったんか？東京の坂口? それとも.. 釜山のチェ社長か？
나고야노 야츠라가 오쿳탕카? 토오쿄오노 사카구치? 소레토모..푸산노 채샤초오카

복순 : (한국어) **찾는 사람 많네.**
(일본어로 상냥하게) **그러게 편하게 자연사하시려면 착하게 사셨어야죠, 손님.**
だから,自然死を望んでいたのなら、憎まれない人生を送るべきだったんですよ。お客様
다카라,시젠시오 노존데 이타노나라 니쿠마레나이 진세에오 오쿠루베키 닷탄데스요. 오캬쿠사마.
사내 : (일본어) **아! 들어본 적이 있어! 반도에 솜씨 좋은 여자 암살자.** (신이 난 듯) **소문이 사실이었구나.**
이 관서의 호랑이 오다 신이치로에게 혼자 보낼 정도라면..
おっ！聞いたことあんで。半島にごっつ腕のえぇ殺し屋の女がいとぉて。噂はホ ンマやったんやなぁ。
関西の虎、小田信一郎に一人しか送ってこぉへんとは
옷! 키이타코토 안데. 한토오니 곳츠 우데노에에 코로시야노 온나가 이토오테. 우와사와 홈마 얏탕야나아.
칸사이노 토라 오다싱이치로오니 히토리시카 오쿳테 코오헹토와

복순 : (상냥한 얼굴로 한국어로 중얼) **하여간 야쿠자 애들 허세는..**
사내 : (일본어) **허세가 아니다. 사무라이의 자부심이다. / 見栄やない。サムライ魂や**
미에야나이. 사무라이 다마시이야.

복순 : (한국어) **어머, 한국말 잘 알아들으시는구나.**
사내 : (일본어) **근데.. 왜지? 어째서 이 오다 신이치로가 깨어날 때까지 기다린 거지?**
せやけど.. なんでや？なんでこの小田信一郎が起きるまで待っとったんや？
세야케도...난데야? 난데 코노 오다싱이치로오가 오키루마데 맛톳탕야

복순 : 첨엔 나두 그냥 죽일까 했는데.. 심경에 좀 변화가 와서요.
사내 : (일본어) 긴 얘기가 아니라면 듣고 싶은데..
長い話やのぉたら聞かせてもらおか
나가이하나시야 노오타라 키카세테 모라오카

복순, 손목에 시계를 본다. 한숨을 쉬고 결심한 듯 사내 앞에 앉는 복순.

복순 : 그래, 뭐. 그럼 말 편하게 할게.

1	한강다리 - 도로 위	S / N	8 CUT
	폐쇄된 한강다리 위. 오다 신이치로를 납치한 길복순.		

7 

복순 : 나한테 딸이 하나 있어.

1	한강다리 - 도로 위	S / N	8 CUT
	폐쇄된 한강다리 위. 오다 신이치로를 납치한 길복순.		

8

/ 오다 신이치로 마스터 샷

복순 : (일본어) 손님 정신이 좀 드세요? / お客様 気が付かれましたか？
오캬크사마 키가츠카레마시타카?
사내 : (일본어) 어이, 내가 누군지 알고 이러는 건가..? / おい、わしが誰かわかってこないしとんのか？
오이, 와시가 다레카 와캇테 고나이시통노카?

바닥의 물웅덩이에 손을 적셔서 머리 정리하는 사내.

복순 : (일본어) 재일교포 2세 오다 신이치로. 한국 이름 김광일. 삼 일 전에 관광차 들어오셨죠?
在日二世小田信一郎。韓国名はキムグァンイル。三日前に観光で入国されましたね？
자이니치 니세에 오다싱이치로오. 칸코크메에와 키무광이루. 밋카마에니 칸코오데 뉴우코크 사레마시타네?
사내 : (일본어) 나고야에서 보냈나? 도쿄의 사카구치? 아니면.. 부산의 최사장인가?
名古屋の奴らが送ったんか？東京の坂口? それとも.. 釜山のチェ社長か？
나고야노 야츠라가 오쿳탕카? 토오쿄오노 사카구치? 소레토모..푸산노 채샤초오카

복순 : (한국어) 찾는 사람 많네.
(일본어로 상냥하게) 그러게 편하게 자연사하시려면 착하게 사셨어야죠, 손님.
だから,自然死を望んでいたのなら、憎まれない人生を送るべきだったんですよ。お客様
다카라,시젠시오 노존데 이타노나라 니쿠마레나이 진세에오 오쿠루베키 닷탄데스요. 오캬쿠사마.
사내 : (일본어) 아! 들어본 적이 있어! 반도에 솜씨 좋은 여자 암살자. (신이 난 듯) 소문이 사실이었구나.
이 관서의 호랑이 오다 신이치로에게 혼자 보낼 정도라면..
おっ！聞いたことあんで。半島にごっつ腕のえぇ殺し屋の女がいとぉて。噂はホンマやったんやなぁ。
関西の虎、小田信一郎に一人しか送ってこぉへんとは
옷! 키이타코토 안데. 한토오니 곳츠 우데노에에 코로시야노 온나가 이토오테. 우와사와 홈마 얏탕야나아.
칸사이노 토라 오다싱이치로오니 히토리시카 오쿳테 코오헹토와

복순 : (상냥한 얼굴로 한국어로 중얼) 하여간 야쿠자 애들 허세는..
사내 : (일본어) 허세가 아니다. 사무라이의 자부심이다. / 見栄やない。サムライ魂や
미에야나이. 사무라이 다마시이야.

복순 : (한국어) 어머, 한국말 잘 알아들으시는구나.
사내 : (일본어) 근데.. 왜지? 어째서 이 오다 신이치로가 깨어날 때까지 기다린 거지?
せやけど.. なんでや？なんでこの小田信一郎が起きるまで待っとったんや？
세야케도...난데야? 난데 코노 오다싱이치로오가 오키루마데 맛툣탕야

복순 : 첨엔 나두 그냥 죽일까 했는데.. 심경에 좀 변화가 와서요.
사내 : (일본어) 긴 얘기가 아니라면 듣고 싶은데..
長い話やのぉたら聞かせてもらおか
나가이하나시야 노오타라 키카세테 모라오카

복순, 손목에 시계를 본다. 한숨을 쉬고 결심한 듯 사내 앞에 앉는 복순.

복순 : 그래, 뭐. 그럼 말 편하게 할게.

2	복순의 집 - 거실	S / D	7 CUT
	피자를 먹으며 TV를 보는 복순과 재영.		

1-1

복순(E) : 날 닮아서 참 이쁜 친구야. (혼잣말)
머리만 좀 기른다면 더 이쁜텐데..

1-2

복순, 사랑스럽게 자신의 소파 옆에 앉은 딸을 바라본다.

2

커트 머리에 다소 어른스러운 모습의 사춘기 소녀. 스마트폰을 보고 있던 재영이 복순의 시선이 느껴지자, 쓱 바라보더니 퉁명스럽게 뱉는다.

재영 : 뭐.

3

복순 : 아냐.. (하고는 시선을 돌려 TV를 본다)

4-1

/ TV화면 청문회

TV에서는 뉴스가 나오고 있다. TV 안, 한 중년 사내가 청문회에서 의원들의 질의에 응답하고 있는 가운데 앵커의 목소리가 들린다.

앵커(E) : 이번 새 국무총리 후보자로 지명된 오정식 의원의 아들 오모군의 음대 부정입학 의혹과 관련하여 오정식 의원은 혐의를 부인하고 있는 가운데 검찰은 아들 오모군을 소환하여 조사를 시작했습니다.

2	복순의 집 - 거실	S / D	7 CUT
	피자를 먹으며 TV를 보는 복순과 재영.		

4-2

/ TV 화면 검찰청

얼굴이 모자이크처리 된 청년이 기자들에 둘러싸여 검찰청으로 들어가는 모습이 타이트하게,

4-3

넓게 보이고, 플래카드를 들고 사퇴를 요구하는 시민들의 모습과 함께 질의를 하는 기자들이 보인다.

앵커(E) : 야당 지지자들과 시민단체들이 오정식 의원의 임명철회를 요구하는 가운데 여당 일각에서도..

4-4

TV를 보던 복순이 불만스러운 목소리로 입을 연다.

복순 : (혼잣말) **참 사람들.. 돈 있고 빽 있음 자기 새끼 좋은 대학 보내고 싶은건 당연한 거지..** (테이블 위의 캔맥주를 까려고 바닥에 내려와 앉으면서) **지들은 안 그럴 거 같애?**

5

소파에 앉은 채, 스마트폰을 하던 재영이 복순을 빤히 내려본다.

복순 : 아니, 저게 잘했다는 게 아니라.. 부모 맘으로 그럴 수도 있다는 거지.
재영 : (한숨을 쉬며 다시 핸드폰을 본다) **공정하지가 못하잖아.**

복순 : (웃음) **원래 사람이 하는 일은 공정하기 힘들어.**
재영 : (핸드폰을 내리고 따박따박) **누군가 저런 식으로 대학에 붙으면 누군가는 떨어질 거 아냐. 그게 내가 돼도 엄만 지금이랑 똑같이 얘기할 거야?**

복순 : ...

일어나는 재영.

2	**복순의 집 - 거실**	**S / D**	**7 CUT**
	피자를 먹으며 TV를 보는 복순과 재영.		

6

재영 : 내가 엄마면, 세상이 불공정하다고 하기보단 정당하게 경쟁하는 법을 가르칠 거야.

7

할 말 없는 복순의 앞을 지나 자신의 방으로 걸어가는 재영의 모습에서..

사내(E) : (일본어) **훌륭한 딸이군.**
出来た娘やな
데키타 코야나

3	한강다리 - 도로 위	S / N	54 CUT
	신이치로와 결투를 벌이는 길복순. 결국 총으로 살해한다		

1

복순 : (딸 칭찬에 기분 좋다) **그치? 가끔 애들한테도 배울 게 있어.**

일어서서 어딘가로 향하는 복순. 프레임 아웃.

2

뒤에 주차된 호텔 청소차 쪽으로 걸어가는 복순.
트렁크를 연다.

복순 : 그래서 오늘은 공정한 경쟁을 해볼려구.

3

사내 : (일본어) **괜찮겠나..? 후회할텐데.**
大丈夫か？後悔すんで...
다이죠브카? 코오카이 순데..

트렁크에서 무언가를 꺼내 던지는 복순.

4

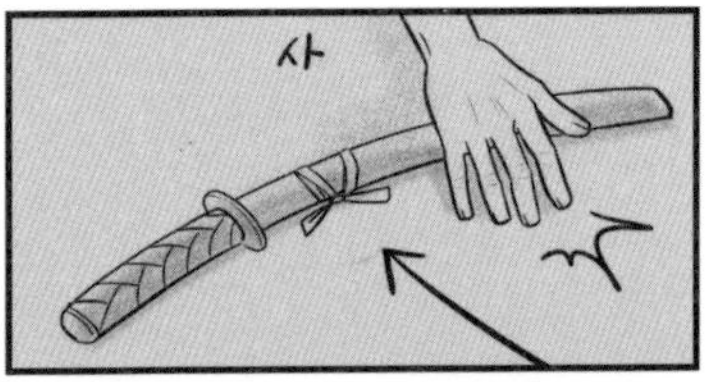

자신에게 굴러오는 단검을 손으로 탁 하고 잡는 사내.

5-1

그 칼을 들고 일어나며 감탄하는 사내.

사내 : (일본어) **요시! 그대도 사무라이로구나.**
よし！あんたも侍やな
요시! 앙타모 사무라이야나

3	한강다리 - 도로 위	S / N	54 CUT
	신이치로와 결투를 벌이는 길복순. 결국 총으로 살해한다		

5-2

사내 : (일본어) **내게 의복을 다오. 그대에게 예를 갖추고 싶다.**
わしに服をくれ。あんたに礼がしたい
와시니 후쿠오 크레. 앙타니 레에가 시타이

6

복순 : 됐고, 추우면 춥다고 얘기 해.

복순이 호텔 차 트렁크에서 하얀 호텔 가운을 꺼내 사내에게 던진다.
그리고는 트렁크 안을 바라보는 복순.

7

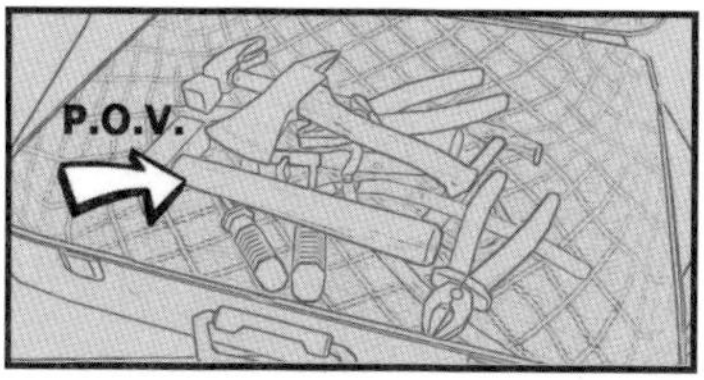

그 안에는 여러 가지 변장 도구, 칼, 송곳, 밧줄 등이 너저분하게 보인다.

8

그 안을 들여다보며 뭘 고를지 고민하는 복순.

복순 : 니 칼 너무 낡았던데.. 뭐 새 거 줄까..

9-1

어느새, 호텔 가운을 입고 허리띠를 멋지게 졸라매는 사내의 뒷 모습.

사내 : (일본어, 피식) **하긴, 여인들은 검을 잘 모르지.**
まぁ確かに女は刀をよぉ知らんからな...
마아 타시카니 온나와 카타나오 요오 시란카라나...

카메라는 사내에게 천천히 푸쉬 인,

3	한강다리 - 도로 위	S / N	54 CUT
	신이치로와 결투를 벌이는 길복순. 결국 총으로 살해한다		

9-2

천천히 뒤돌아, 자세를 잡고 칼집에서 칼을 뽑는 사내.

사내 : 이 와키자시는 400년 전, 에도 막부 최고의 도공 아키히로의 작품이다. 사무라이에게는 성배와 같은 예술품이지.

この脇差しは400年前
江戸幕府最高の刀鍛冶アキヒロの刀や
侍には聖杯みたいな芸術品なんや
고노 와키자시와 용하크넨마에 에도바크후
사이코오노 카타나카지 아키히로노 카타나야
사무라이니와 세에하이미타이나
게에쥬츠힌낭야

9-3

10

(9컷 카메라 푸쉬 인 사이에 들어갈 인서트)

피식 웃는 사내,

11

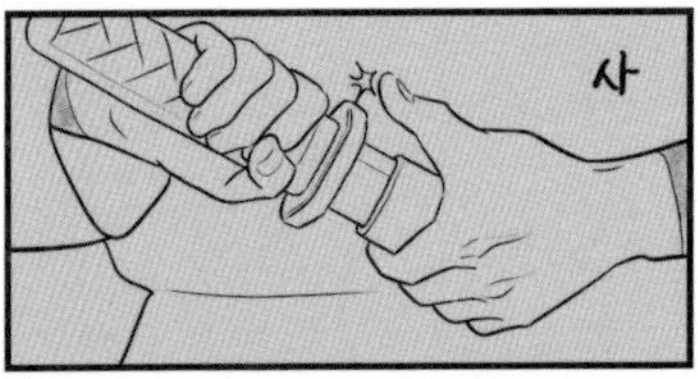

(9컷 카메라 푸쉬 인 사이에 들어갈 인서트)

칼을 뽑는 사내의 손.

12

(9컷 카메라 푸쉬 인 사이에 들어갈 인서트)

칼을 뽑는 사내 앙각.

3	한강다리 - 도로 위	S / N	54 CUT
	신이치로와 결투를 벌이는 길복순. 결국 총으로 살해한다		

13

(9컷 카메라 푸쉬 인 사이에 들어갈 인서트)

칼을 뽑는 사내 측면,

14

(9컷 카메라 푸쉬 인 사이에 들어갈 인서트)

칼을 뽑아 자세를 취하는 사내, 정면

15

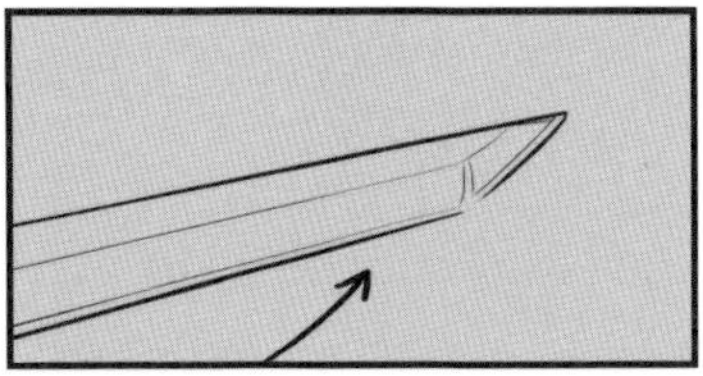

칼을 빼자 하얀 칼날에 섬광이 비친다.

16

복순 사내를 빤히 바라보다 트렁크 안에서 가격표 태그가 달린 산악용 손도끼를 꺼내며..

17

복순 : 이마트에서 3만원 주고 샀어.

3	한강다리 - 도로 위	S / N	54 CUT
	신이치로와 결투를 벌이는 길복순. 결국 총으로 살해한다		

18

사내, 복순의 말에 피식, 복순에게 달려든다.

19-1

복순, 역시 사내에게 달려들고.
카메라는 풀백,

19-2

/ 지하철이 들어오기 전까지의 액션

도끼와 칼이 한번 부딪친다.

19-3

3	한강다리 - 도로 위	S / N	54 CUT
	신이치로와 결투를 벌이는 길복순. 결국 총으로 살해한다		

20

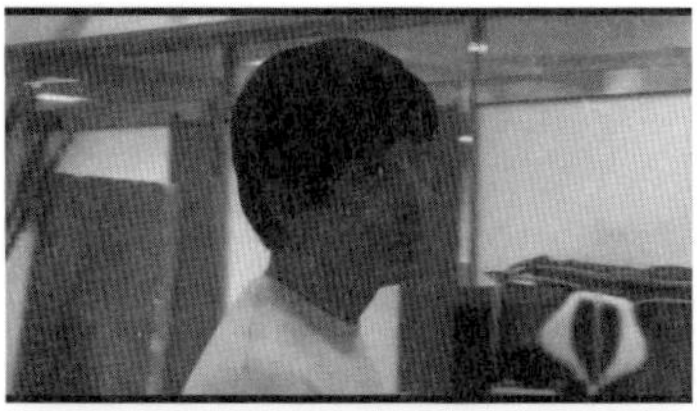

복순 반응.

21

오다 신이치로 반응

22

복순 os 오다 신이치로

자세를 잡는 오다 신이치로.

사내 : 그럼 시작해볼까
ほな　始めてみるか
호나 하지메테미루카

23

오다 신이치로 os 복순

자세를 잡는 복순.
(여기서 복순이 손으로 치마를 찢을 수도 있음)

24-1

복순의 공격을 막아내는 오다 신이치로.
복순이 뒤로 밀린다.

3	한강다리 - 도로 위	S / N	54 CUT
	신이치로와 결투를 벌이는 길복순. 결국 총으로 살해한다		

24-2

24-3

24-4

25

공격을 막아낸 오다 신이치로 반응

26

공격에 실패한 복순의 반응

3	한강다리 - 도로 위	S / N	54 CUT
	신이치로와 결투를 벌이는 길복순. 결국 총으로 살해한다		

27

복순의 도끼 os 오다 신이치로

28-1

오다 신이치로의 칼 os 복순

다시 오다 신이치로에게 달려드는 복순.

28-2

28-3

28-4

3	한강다리 - 도로 위	S / N	54 CUT
	신이치로와 결투를 벌이는 길복순. 결국 총으로 살해한다		

29-1

복순의 공격을 막아내는 오다 신이치로.

29-2

29-3

오다 신이치로의 공격을 피하는 복순.

29-4

다리를 노리는 복순.

30-1

하지만 막아내는 오다 신이치로.

3	한강다리 - 도로 위	S / N	54 CUT
	신이치로와 결투를 벌이는 길복순. 결국 총으로 살해한다		

30-2

30-3

30-4

30-5

둘다 공격을 막아내고, 팽팽한 대치 상황에서

30-6

둘다 밀려나며 프레임 아웃.

3	한강다리 - 도로 위	S / N	54 CUT
	신이치로와 결투를 벌이는 길복순. 결국 총으로 살해한다		

31

복순과 사내는 다시 마주하고 있고. 멀리서 지하철이 들어오는 모습이 넓은 부감으로 보여진다.

32

다시 싸울 자세를 잡는 사내,
뒤쪽에선 지하철이 들어오는 소리와 함께 지하철 그림자가 드리우고,

33

도끼로 치마를 찢는 복순.
(더 앞에 컷에서 찢을 수도 있음)
지하철이 다가오는 소리가 점점 커진다.

34

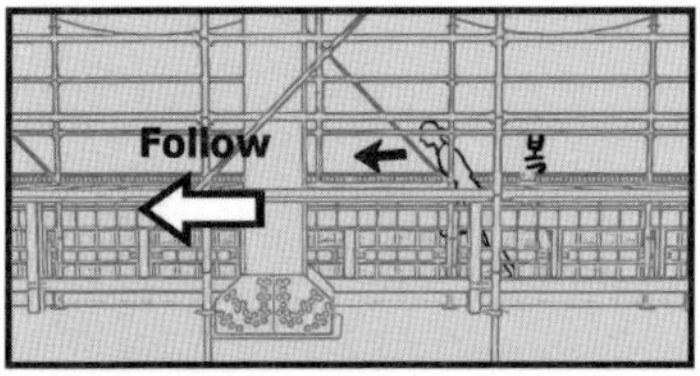

다시, 사내에게 달려가는 복순에게 반대편에서 다가오는 지하철 그림자가 드리우고,
카메라는 복순을 따라간다.

다시 사내의 복순이 싸움이 시작되는 순간,
사내쪽에서 들어오는 지하철,
둘간의 전투가 시작, 카메라는 줌인.

3	한강다리 - 도로 위	S / N	54 CUT
	신이치로와 결투를 벌이는 길복순. 결국 총으로 살해한다		

지하철 창문 프레임 틈으로 둘 간의 전투가 보인다. 마치 지하철 창문 프레임 사이로 보이는 액션이 스틸컷이 빠르게 지나가는 것처럼 보인다. 팽팽한 접전.

지하철이 다 지나가는 사이에 벌어지는 합.

날카로운 공격을 서로 가까스로 피하는 복순과 오다 신이치로.

오다 신이치로가 칼이 난관에 부딪치며 불꽃이 튀고,

3	한강다리 - 도로 위	S / N	54 CUT
	신이치로와 결투를 벌이는 길복순. 결국 총으로 살해한다		

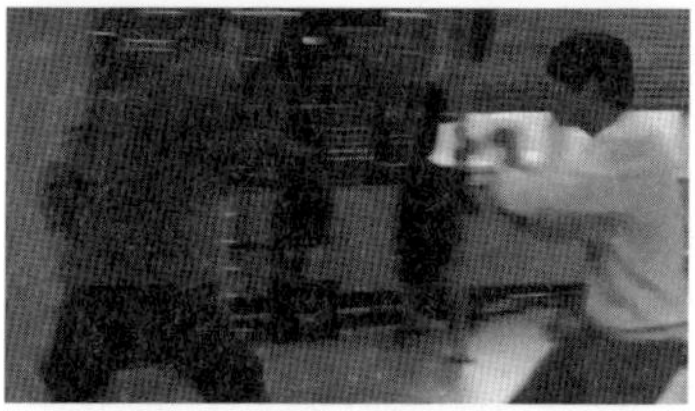

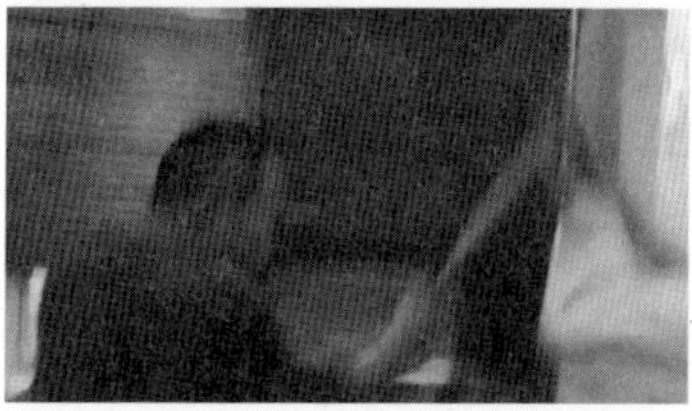

접전 끝에 오다 신이치로의 공격에 밀리는 복순.
지하철도 다 지나가고,

3	한강다리 - 도로 위	S / N	54 CUT
	신이치로와 결투를 벌이는 길복순. 결국 총으로 살해한다		

구조물에 등을 부딪치며 쓰러진다.
복순 프레임 아웃.

35

주저 앉은 복순,
팔에 스쳐 베어진 채, 약간의 피가 난다.

36

사내 : (일본어) **자랑스러워 해도 좋다. 전 열도를 뒤져봐도 이 오다 신이치로와 이 정도 합을 겨룰 자는 세 손가락 안에 꼽힐 테니.**
自慢してもええで。日本中探してもこの小田信一郎とこんだけ張り合える奴は片手で数えるしかおらんからなぁ
지만시테모 에에데. 니혼쥬우 사가시테모 코노 오다싱이치로오토 콘다케 하리아에루 야츠와 카타테데 카조에루시카 오랑카라나아

37

복순 : 쎈 건 알겠는데.. 자꾸 니 이름 니가 부르는 거 안 챙피하니?

38

대답 없이 다시 숨을 고르며 자세를 취하는 오다 신이치로.

3	한강다리 - 도로 위	S / N	54 CUT
	신이치로와 결투를 벌이는 길복순. 결국 총으로 살해한다		

39-1

오다 신이치로를 바라보다 자신의 발 앞에 있는 물웅덩이를 쳐다보는 복순,
카메라 틸업 하면.

39-2

물 웅덩이에 비쳐진 자신의 모습을 바라보는 복순.
카메라는 물웅덩이에 비친 복순을 향해 점점 줌인.

39-3

물웅덩이에 비춰진 복순, 오다 신이치로를
향해 달려가며 프레임 아웃.

39-4

물웅덩이에 반사로 보이는 복순과 오다의 합.

39-5

3	한강다리 - 도로 위	S / N	54 CUT
	신이치로와 결투를 벌이는 길복순. 결국 총으로 살해한다		

40 

도끼를 한바퀴 돌리며, 공격하는 복순.

41 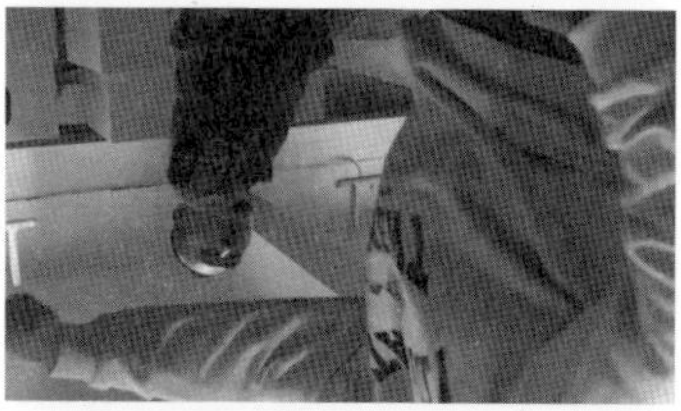

도끼를 피하는 오다 신이치로.

42 

다시 공격을 하는 오다 신이치로.

43 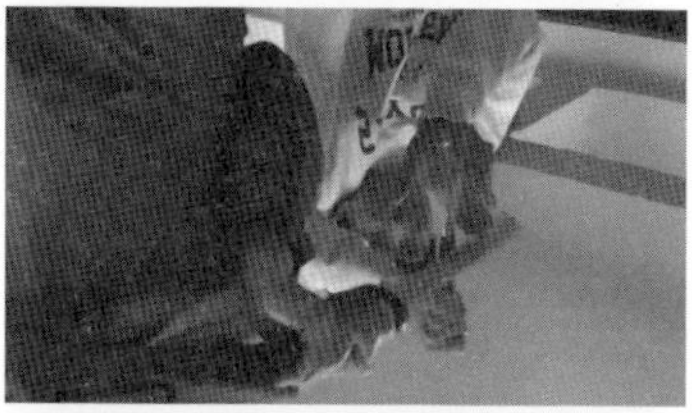

하지만 막아내는 복순.

44 

다시 한번 공격하는 오다 신이치로.

3	한강다리 - 도로 위	S / N	54 CUT
	신이치로와 결투를 벌이는 길복순. 결국 총으로 살해한다		

45-1

둘이 동시에 공격을 하지만, 오다 신이치로의 칼이 복순의 도끼보다 길어서, 복순의 목에 먼저 닿아 목까지 베어 버린다.

45-2

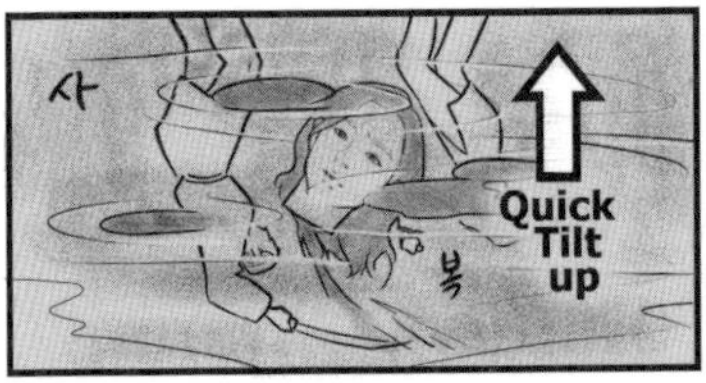

복순의 목이 피를 뿜으며 날라가고 물웅덩이에 피가 부려진다. 그 순간 사내의 목소리.

사내(E) : (일본어) **어이!**
おい！
오이!

카메라 퀵틸업, 하면

45-3

물 웅덩이를 보고 있던 복순, 고개를 든다.
이때, 물웅덩이에 비쳐진 지금까지의 합은 복순이 미리 내다본 수의 상상임을 알 수 있다.

사내(E) : (일본어) **계속 안 할 건가..?**
もう終わりか？
모오 오와리카?

자신의 목을 한번 어루만지고는 자신의 앞에서 자세를 취하고 있는 오다 신이치로를 본다.

46

오다 신이치로 반응

47

복순 : 타임. 나 장비 좀 바꾸자,

3	한강다리 - 도로 위	S / N	54 CUT
	신이치로와 결투를 벌이는 길복순. 결국 총으로 살해한다		

48

사내 : (웃으며 칼을 내린다, 일본어) **얼마든지.**
なんぼでも
난보데모

49

복순, 다시 자신의 차 쪽으로 걸어가며 화면 밖으로 프레임 아웃.

50-1

50-2

화면 안에 홀로 남은 사내, 복순을 기다리며 자세를 새로 고쳐 잡는다. 진지한 표정의 사내. 칼을 허공에 휘두른다. 그 모습 위로 미야모토 무사시의 오륜서를 읊조리는 사내의 음성이 들린다.

사내(E) : (일본어) **승부에 절대 우연이란 없다. 천일의 연습을 '단'이라고, 만일의 연습을 '련'이라 한다. 이 '단련'이 있고 나서야..**
勝利には偶然はないんや。千日の稽古を'
鍛'、万日の稽古を'錬'ってゆうんや。この'
鍛錬'か゚あってこそ・・
쇼오리니와 구우젱와 나잉야. 센지츠노
케에코오 '탄'
만지츠노 케에코오 '렌'떼 유웅야.
코노'탄렌'가 앗테코소...

순간 **퓨슉!** 소리와 함께 가슴에 총상을 입고 쓰러지는 사내.

3	한강다리 - 도로 위	S / N	54 CUT
	신이치로와 결투를 벌이는 길복순. 결국 총으로 살해한다		

51-1

화면 안으로 소음기가 달린 권총을 들고 들어오는 복순,

51-2

쓰러진 사내 앞에 서서 내려본다.

52

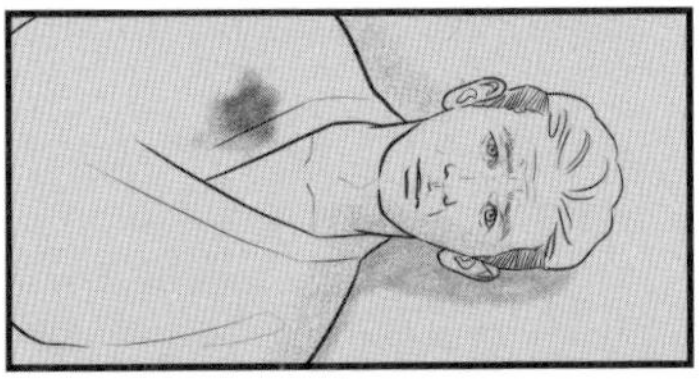

사내 : (한국어) **씨발년..**

53

복순 : 미안.

퓨슉! 한 발 더 쏜다

3	한강다리 - 도로 위	S / N	54 CUT
	신이치로와 결투를 벌이는 길복순. 결국 총으로 살해한다		

54-1

복순 : 마트 문 닫을 시간이라..

프레임 아웃 복순,

54-2

다시 들어오는 지하철과 함께

54-3

타이틀이 뜬다.

33	버려진 창고 - 폐수영장	O / N	8 CUT
	작업을 마치고 시체를 정리하는 희성에게 자신의 넋두리를 하는 복순		

1-1

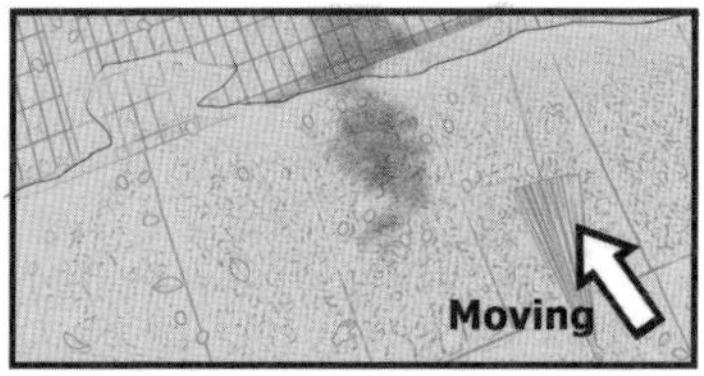

1-2

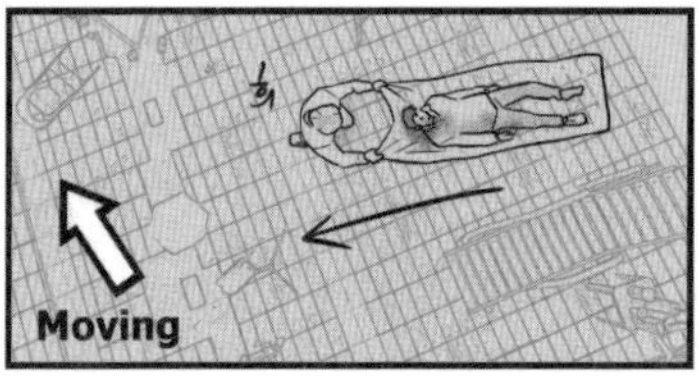

1-3

폐수영장에 남아 있는 물웅덩이에 서서히 퍼지는 피.
카메라, 물 웅덩이를 지나 천천히 움직이면,
시체 밑에 비닐을 깔고 끌고 오는 희성의 모습이
부감으로 보여진다. 부감으로 카메라 계속 움직이면,
비닐이 깔린 소파위에 힘없이 누워 앉아, 천장을 보고
이야기하는 복순이 보이고, 희성이 프레임 인 되면서
소파 옆에 칼에 맞아 죽어 있는 시체에게 망치를
쥐어 주곤 신발을 벗긴다.

복순 : 그때 대표님을 처음 만났는데..
나한테 타고났다고 하더라.
(끄덕) **그럴 만하지. 난 폭력이랑 같이**
자랐으니까.. 그래서 하나부터 열까지 나랑은
반대로 키우고 싶었어.
근데 앨 보면.. 가끔 어린 시절의 내가 생각나.
그게 섬뜩해.

희성 : 애가 사춘기 반항심에 툭 던진 말을 너무 크게
생각하신다.

2-1

복순 : ...

희성(E) : 차라리 이 참에 회사에 솔직히 말을 해요

2-2

시체에게 벗긴 신발을 들고 일어나는 희성.
희성에게 포커스 이동.

희성 : 애 때문이라고 하면 대표님도 놔주겠지..
(장난) **아님 죽이든가.**

33	버려진 창고 - 폐수영장	O / N	8 CUT
	작업을 마치고 시체를 정리하는 희성에게 자신의 넋두리를 하는 복순		

2-3

프레임 아웃 하는 희성. 다시 포커스 복순에게 오고.
카메라, 복순 측면(왼쪽) -> 복순 정면 -> 복순 측면(오른쪽)까지 움직인다.

천장을 바라보며 혼자 자조적으로 이야기하는 복순.

복순 : (한숨) **재영이 낳기로 결심했을 때, 대표님이랑 약속을 하나 했어. 일엔 절대 지장을 주지 않기로.. 근데 그게 힘들어. 몸보다 마음이 더. 일하다 보면 죽어가는 사람 눈동자에 내 얼굴 비칠 때가 있거든. 그런 날은 집에 들어가서 애랑 눈 마주치기가 겁나.**

희성(E) : 길복순이 아니라 킬복순으로 보일까 봐?

2-4

2-5

3

가져간 신발 바닥에 머리가 깨져 있는 시체의 피를 묻히는 희성.

희성: 백퍼 이해된다. 나도 지금 이러고 있는 거, 울 아빠가 보고 있다고 생각하면.. 으! 개무섭다

4

복순 : 개무섭지.. (기대어 있는 몸을 일으키며) **근데 나도 이기적인 게.. 애 때문에 일을 포기하긴 싫은 거야. 내가 엄마로서 자격이 없나?**

33	버려진 창고 - 폐수영장	O / N	8 CUT
	작업을 마치고 시체를 정리하는 희성에게 자신의 넋두리를 하는 복순		

5-1

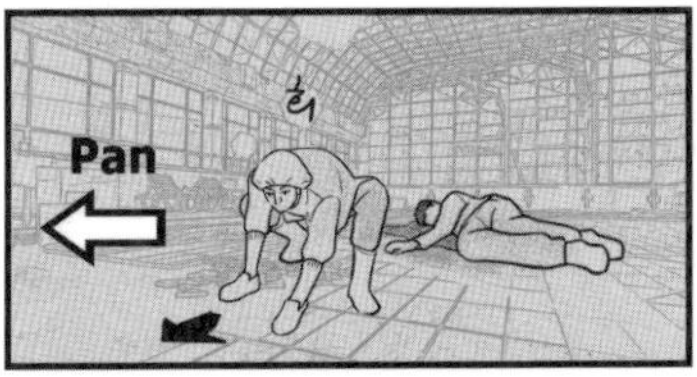

희성 : 에이. 돈 잘 버는 게 최고의 자격이지.

시체의 신발을 양손에 끼우고, 핏자국이 묻은 발자국을 내며 칼에 찔려 죽은 시체 쪽으로 기어가며 입을 여는 희성.

희성 : 나도 울 아빠 때문에 나를 포기하긴 싫어요. 지금은 비록 이렇게 돈 몇 푼 안 되는 일을 하고 있지만..

5-2

6

복순 : 참 모순이야. 이런 일 하면서 엄마라는 게. 교육상 좋은 살인은 없나?

복순 앞을 지나가는 희성.

7-1

칼에 찔여 죽은 시체의 신발을 다시 신겨주는 희성.

희성 : 글쎄요.. 근데 원래 세상이 다 모순투성이지, 뭐

소파 앞에 서서 복순에게 이야기하는 희성.

희성 : 평화를 위해 전쟁을 하고.. 진실보다 거짓을 믿고 싶어하고.. 살인자들이 모여서 규칙을 만들고..

복순 : (한숨) **너 요즘 무슨 책 쓰니?**

7-2

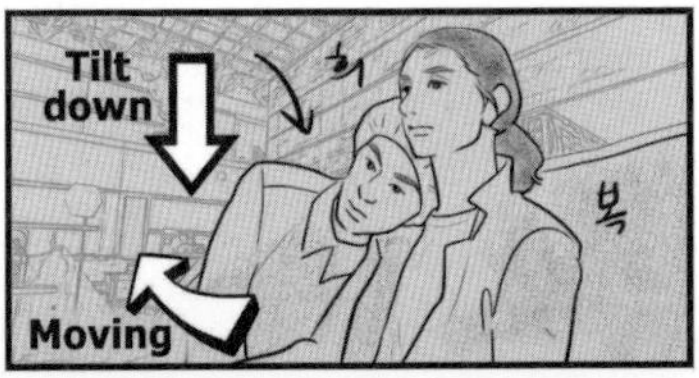

희성 : (웃으며 복순의 옆에 앉는다) **모순 뒤에 숨겨진 진실을 봐야 된단 얘기죠. 그 진실은..**

33	버려진 창고 - 폐수영장	O / N	8 CUT
	작업을 마치고 시체를 정리하는 희성에게 자신의 넋두리를 하는 복순		

7-3

**희성 : 선배 정도면 꽤 좋은 엄마라는 거.
이제는 어떻게 죽일지보다 어떻게 키울지를
더 고민하잖아요.**

희성의 위로에 피식 웃는 복순.

8

그 모습이 넓게 보인다.

**희성 : 근데 선배가 후배 일하는데 왔으면 음료수라도
사 와야 하는 거 아녜요?**

53	옛 복순의 집 - 거실	O / D	27 CUT
	플래시백. 복순부를 죽이려는 20대 민규. 민규 대신 복순부를 처단하는 17살 복순		

1-1

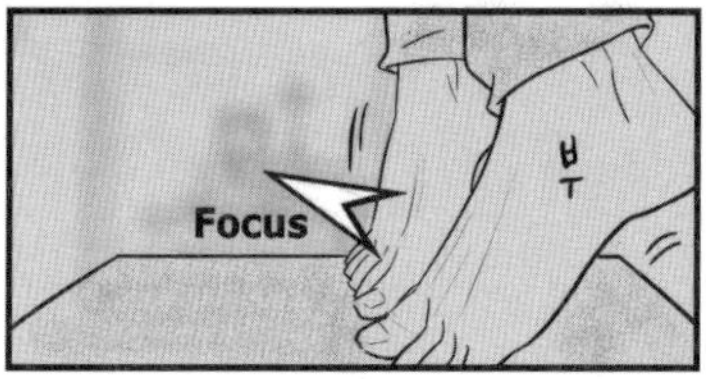

발끝 밑에 의자로 간신히 몸을 지탱하고 있는 복순부의 발에서 가족사진으로 포커스 이동,

1-2

화면으로 들어오는 20대의 민규, 액자를 들고 사진을 본다. 카메라는 붐업,

민규 : 따님이 다행히 엄말 닮았나 봐요. 근데 좀 우울해 보인다. 웃으면 더 예쁠 텐데..

1-3

1-4

가족사진을 바라보며 초코바를 우물거리는 민규가 뒤돌아보며,

민규 : 그러게 자연사하시려면 좀 착하게 사시지.. 이제 의자만 빼면 끝나요.

2

입에 재갈이 물리고 천장에 묶인 넥타이에 목을 맨 채, 발끝 밑에 의자로 간신히 몸을 지탱하
고 있는 복순부의 모습. 민규를 향해 울부짖는데
소리는 나오지 않는다

53	옛 복순의 집 - 거실	O / D	27 CUT
	플래시백. 복순부를 죽이려는 20대 민규. 민규 대신 복순부를 처단하는 17살 복순		

3

민규, 복순부 발밑의 의자를 빼내려는 순간, 마당에서 대문 열리는 소리가 들린다.

4

커튼 틈으로 보이는 복순.

5

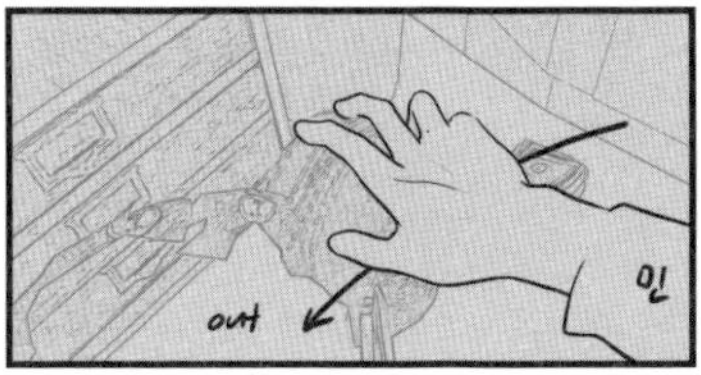

순간, 선반에 놓인 경찰 벨트에서 총을 빠르게 뽑는 민규의 손.

6

부엌으로 숨은 민규. 들어오는 복순을 바라본다.

7

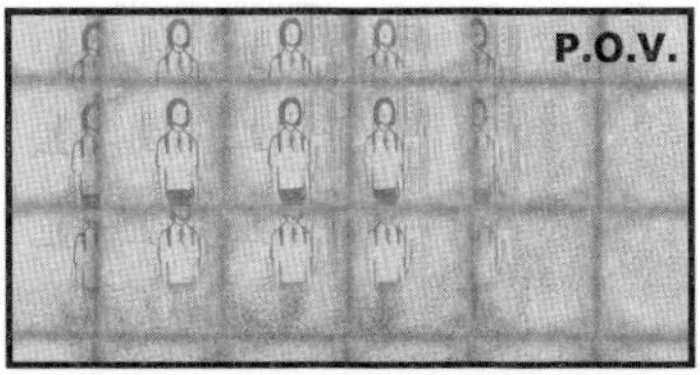

현관문을 열고 들어오는 복순이 간유리에 비쳐서 여려 명으로 보인다.

53	옛 복순의 집 - 거실	O / D	27 CUT
	플래시백. 복순부를 죽이려는 20대 민규. 민규 대신 복순부를 처단하는 17살 복순		

8

간유리에 비친 복순을 바라보는 민규 반응.

9-1

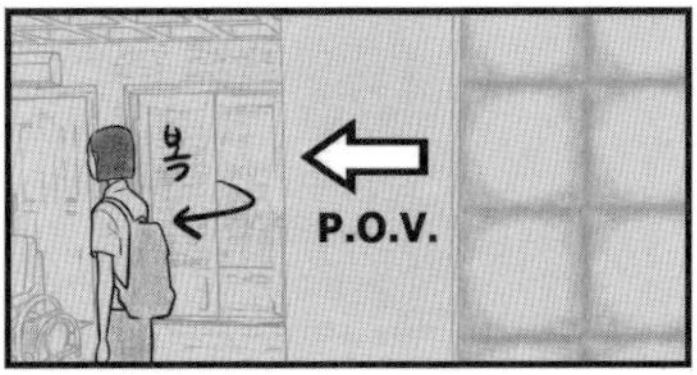

귀에 이어폰을 꽂은 교복 차림의 복순.
자신의 아빠를 보고는 당황해서 멈칫하는 복순.

9-2

이어폰을 빼며 천천히 자신의 아빠에게 다가가는 복순.
이어폰을 빼자, 옛날 팝송이 아주 작게 흘러나온다.
천천히 복순에게 다가가는 민규. 그 모습을 보는
복순부는 더욱더 울부짖는다.

9-3

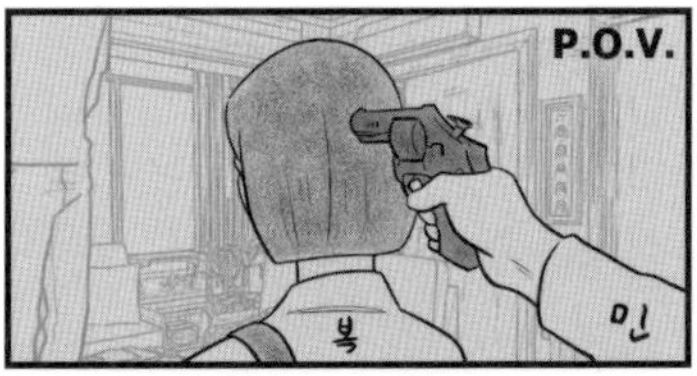

복순의 뒤통수에 총을 겨누는 민규.

민규 : 지금 학교에 있을 시간일 텐데..

복순 : 조퇴했어요.. 아빠 죽이러 온 거예요?

민규 : 아빤 자살하는 거야. 자기 총으로 딸을 쏘고.

복순 : 아.. 수업 끝까지 들을 걸 그랬다..

10A

복순부 반응.

53	옛 복순의 집 - 거실	O / D	27 CUT
	플래시백. 복순부를 죽이려는 20대 민규. 민규 대신 복순부를 처단하는 17살 복순		

10B

<다른 버전>

-9컷 셋업에서 한번에 복순부 얼굴까지 가는 버전.

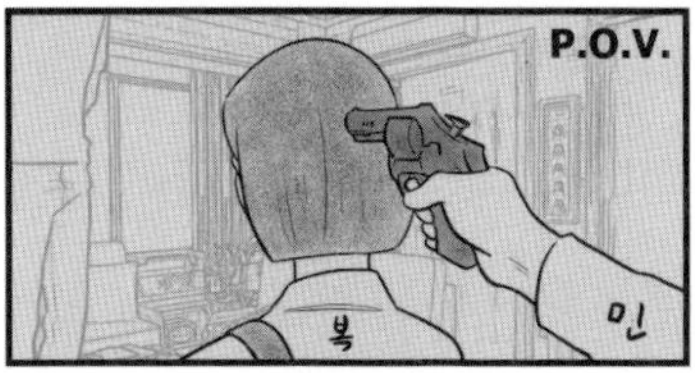

11

복순의 아무렇지도 않은 대답에 흥미가 생긴 민규.
시선을 아래로 두면..

12

복순의 작은 손에 쥐고 있는 큐브. 복순의 손에서
큐브를 가져가는 민규의 손.

13

민규 : 이거 좋아해?

복순 : 혼자서 시간 죽이기 좋아요.

민규 : (큐브를 여기저기 돌려보며) **혼잡하네..**
이거 규칙대로만 하면 금방 맞추는데..

53	옛 복순의 집 - 거실	O / D	27 CUT
	플래시백. 복순부를 죽이려는 20대 민규. 민규 대신 복순부를 처단하는 17살 복순		

14

복순 : 어차피 흐트러뜨릴 거, 뭐 하러 그렇게 빨리 맞춰요.

민규(E) : .. 몇 살이니?
복순 : 열일곱.

민규(E) : 애매하네.
복순 : 뭐가요?

15

민규 : 애는 안 죽여. 그게 내 규칙이야

16-1

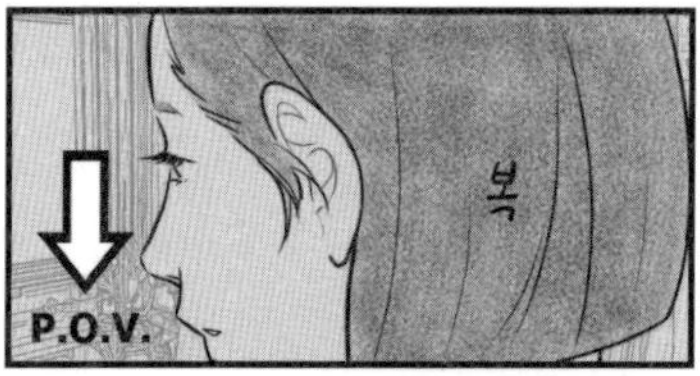

복순 : 되게 인간적이다.. 이 일이 꼭 나쁜 사람이 하는 일은 아닌가 봐요.

16-2

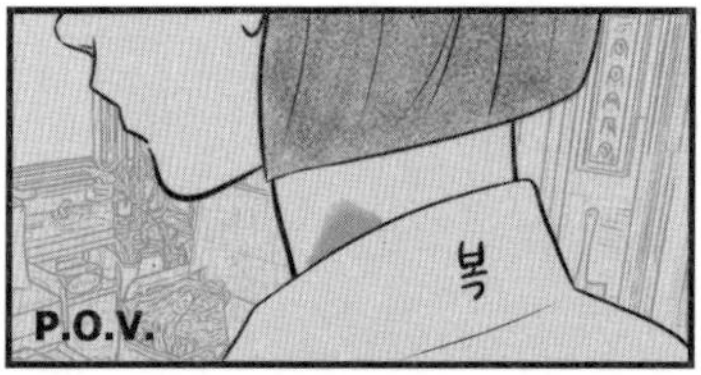

복순의 뒷목덜미의 멍을 보는 민규.

17

민규 : 넌 원래 겁이 없니..?

복순(E) : 근데 애라는 거 기준이 진짜 애매하겠다. 규칙은 명확해야죠.

53	옛 복순의 집 - 거실	O / D	27 CUT
	플래시백. 복순부를 죽이려는 20대 민규. 민규 대신 복순부를 처단하는 17살 복순		

18

복순 : 미성년자 어때요? 나 아직 민증 안 나왔는데..

민규 : 그래도 목격자를 살려두는 건...

복순 갑자기 성큼성큼 앞으로 간다.

19-1

당황한 민규 **"야, 야!"** 라고 외치고, 카메라는 푸쉬 인.

19-2

20

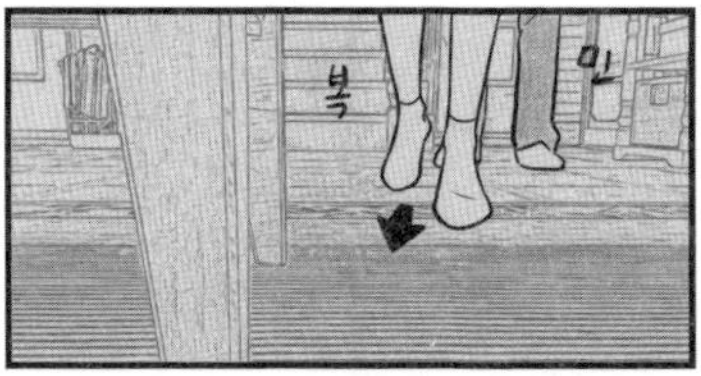

아빠 발밑의 의자로 걸어가는 복순의 다리.

21

복순부 반응.

53	옛 복순의 집 - 거실	O / D	27 CUT
	플래시백. 복순부를 죽이려는 20대 민규. 민규 대신 복순부를 처단하는 17살 복순		

22-1

민규 시점,

의자를 발로 타 버리는 복순.
카메라 틸업,

22-2

고통스러워 하는 복순부.

23

뒤돌아 입을 여는 복순.

복순 : 이제 나 목격자 아니죠?

24

/ 고속

어안이 벙벙한 얼굴로 복순을 바라보는 민규

25

/ 고속

그런 민규를 보며 환하게 웃는 복순. 버둥대는 복순부.
이어폰의 음악이 커지면서 소리가 화면을 덮는다.

음악 - Herb Alpert - This guy's in love with you

53	옛 복순의 집 - 거실	O / D	27 CUT
	플래시백. 복순부를 죽이려는 20대 민규. 민규 대신 복순부를 처단하는 17살 복순		

26

/ 고속

민규 반응

27

/ 고속

환하게 웃는 복순의 얼굴 위로 사격 표지판이 디졸브 되며 탕!소리와 함께 음악이 끊긴다.

70	복순의 집 – 현관, 거실	S / N	40 CUT
	귀가하는 복순을 기다리는 재영. 모녀간의 싸움과 화해가 오간다.		

1

엄마를 기다리고 있는 재영.
삑삑삑- 번호키를 누르는 소리와 함께 현관문 열리는 소리가 들린다.

2

현관문을 열고 들어오는 복순. 문을 열고
들어오자마자, 달려와 복순에게 외치는 재영.

3

재영 : 어떻게 된 거야! 그렇게 끊어버리고 전화는 왜 안 받아!! 무슨 일 생긴 줄 알고 얼마나 걱정했는지 알아?

4

복순 : (부서진 전화기를 보이며) **아.. 떨어뜨렸어.. 넌 무슨 일이야?**

5

재영 : (그렁그렁한 눈으로 엄마를 바라본다) **...**

70	복순의 집 – 현관, 거실	S / N	40 CUT
	귀가하는 복순을 기다리는 재영. 모녀간의 싸움과 화해가 오간다.		

6

복순 : 아무 일 없었어.. 넌 무슨 일인데.

7

재영 : 나도 아무 일 없었어.

8

재영, 휙 돌아서서 거실로 걸어간다.
피곤하게 신발을 벗고 그런 재영을 따라가는 복순.

복순 : (따라가며) **하아.. 길재영..**

9-1

재영 : (멈춰서며) **소라랑 끝났어.**

복순 : ... 왜..?

**재영 : 엄마한테 얘기했다고 했더니.. 연락하지 말래..
자긴 다 장난이었대..** (울먹) **나 좋다고 한 것도..
키스 한 것도..**

9-2

복순, 재영을 바라본다.

재영 : (울음 섞인 헛웃음) **자긴 그런 애 아니래..**

복순 : 그래서.. 너는 그런 애고..?

재영 : 어! 그래서 엄마도 아까 도망간 거 아냐?

복순 : ... 미안해..

70	복순의 집 – 현관, 거실	S / N	40 CUT
	귀가하는 복순을 기다리는 재영. 모녀간의 싸움과 화해가 오간다.		

9-3

재영 : (고개를 저으며) **이런 일 생기니까 확실히 알겠어. 내가 알아서 잘 숨기고 살게.**

10

복순이 터지듯 입을 연다.

복순 : 미안하다고 하면 그냥 좀 받아주면 안 돼? 넌 꼭 이렇게 바보 같은 엄마 만들어야 직성이 풀리니? 그리고! 니가 잘못하는 게 없는데 왜 숨기고 살아야 돼!

11

여전히 눈물 고인 눈으로 복순을 바라보는 재영.

12

복순도 울컥한지, 두 손으로 얼굴을 감싸 쥔다. 두 사람 사이에 침묵이 흐른다.

13

재영 : ... 엄마는 무슨 일이야..?

70	복순의 집 – 현관, 거실	S / N	40 CUT
	귀가하는 복순을 기다리는 재영. 모녀간의 싸움과 화해가 오간다.		

14

복순 : (얼굴을 감싸 쥔 손을 내리고) **...**

15

재영 : ... 말하기 싫음 안 해도 돼.

복순을 빤히 바라보는 재영

16

그런 재영을 바라보는 복순의 얼굴에서 민규의 목소리.

민규(E) : 벽을 쌓고 있는 건.. 너도 마찬가지 아냐?

17-1

복순이 소파에 천천히 걸어가 앉으며 입을 연다.

복순 : 같이 일하는 사람들이 있었는데..
오늘 나한테 좀 못되게 굴었거든..?

17-2

복순 : 그래서 좀 다퉜어..

재영 : .. 왜?

복순 : 일하다 보면 종종 있어. 그런 일들이..
지들도 살아야 되니까..

재영 : ...

70	복순의 집 – 현관, 거실	S / N	40 CUT
	귀가하는 복순을 기다리는 재영. 모녀간의 싸움과 화해가 오간다.		

18

복순 : 넌 장난이었다는 소라 말 믿어? 안 믿지?
걔도 지 살려고 그러는 거야.

19

재영 : 그래서.. 엄만 어떡할 건데?

20

복순 : 끝냈어.. 난. 이젠 볼 일 없어.

21-1

재영 : 쿨 하네.. (소파에 기대어 앉으며) 사실 나는
안 끝났어.. 내가 소라를 많이 좋아하나 봐..
이렇게 될 줄 알았음 차라리 철우 그 쪼다랑
한 달 사겨버릴 걸 그랬어. 그럼 소라랑도
안 헤어지고.. 엄마가 원하는 학교도 계속 다닐
수 있었는데..

21-2

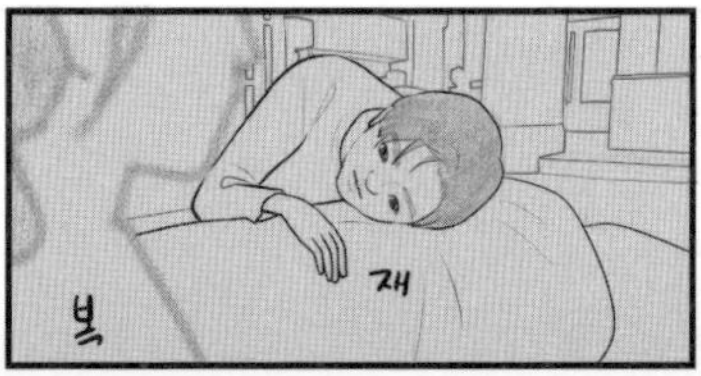

70	복순의 집 – 현관, 거실	S / N	40 CUT
	귀가하는 복순을 기다리는 재영. 모녀간의 싸움과 화해가 오간다.		

22

복순 : 그러게.. 근데 왜 안 그랬어?

23

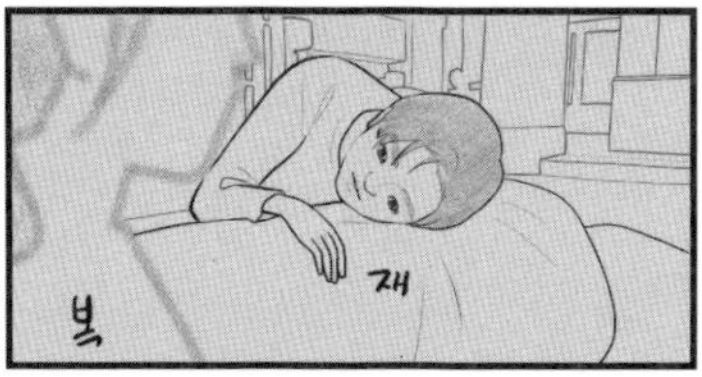

재영 : (잠시 생각하다) **.. 떳떳하고 싶었어. 나한테..**

24

복순 : (재영을 바라보다) **.. 멋있네, 길재영.**

복순 대견한 듯, 재영의 머리를 쓰다듬는다

25

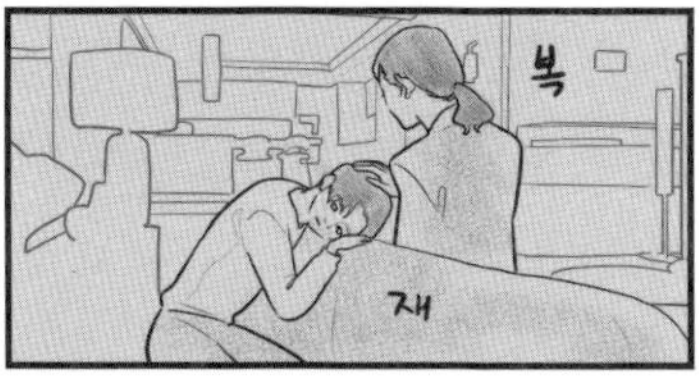

나른해 보이는 두 모녀

26

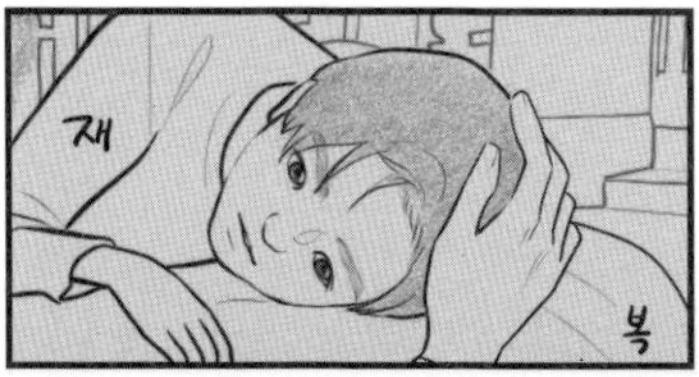

그때 재영이 입을 연다.

재영 : 엄마.. 근데..

70	복순의 집 – 현관, 거실	S / N	40 CUT
	귀가하는 복순을 기다리는 재영. 모녀간의 싸움과 화해가 오간다.		

27

복순 : (미소 지으며) **응..**

28

재영 : ... 나 엄마 가방에서 총 본 적 있어..
가짜 여권이랑..

29

순간, 거의 영혼을 잃은 듯한 표정의 복순. 흔들리는 복순의 눈동자.

30

몸을 일으키는 재영. 복순을 바라본다.

재영 : 엄마 다니는 회사..

31

복순 : (무슨 말을 해보려는데 입이 떨어지지 않는다)

70	복순의 집 – 현관, 거실	S / N	40 CUT
	귀가하는 복순을 기다리는 재영. 모녀간의 싸움과 화해가 오간다.		

32

재영 : .. 국정원이야?

33

순간 **'응?'** 하는 복순의 표정.

34-1

재영 : 인터넷에서 찾아봤더니 좀 말이 되더라.

복순 : ... (한숨) **재영아..** (연기) **엄마는..**
아무 말 안 했다?

재영 : (확신하며 끄덕) **아, 기밀.** (안도의 한숨) **그치.**
엄마도 진짜 힘들겠다..

복순 : (끄덕) **응, 우리 둘 다. 나 좀 씻을께.**

34-2

복순, 도망치듯 화장실로 가려는데..

재영 : 엄마, 나 하나만.

35

복순 : (돌아보면)

70	복순의 집 – 현관, 거실	S / N	40 CUT
	귀가하는 복순을 기다리는 재영. 모녀간의 싸움과 화해가 오간다.		

36

재영 : 그 총.. 진짜 쏴 본 적 있어?

37

복순 : (아무렇지도 않게) **응. 사격 연습할 때?**

38

복순의 대답을 듣고 다행인 듯 웃는 재영.

39

재영이 웃자, 미소지으며 화장실로 들어가는 복순.

40

복순이 화장실로 들어가자 웃음이 천천히 사라지며
화장실 문을 응시하는 재영.

98	M.K 사옥 – 민규 사무실	S / N	103 CUT
	민규와 복순의 치열한 마지막 혈투. 복순의 칼에 죽어가는 민규.		

1

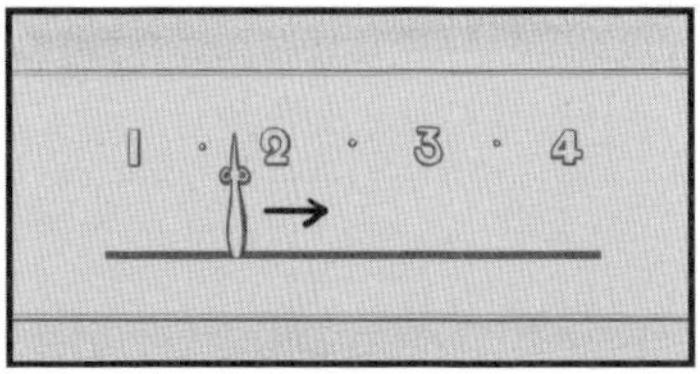

/ 엘리베이터

엘리베이터가 한 층 한 층 올라간다.

2

심호흡하며 눈을 감는 복순.

3

/ 대표실

한 층 한 층 올라가며 불이 켜지는 엘리베이터 표시등.

4

이를 바라보는 민규.

5

/ 엘리베이터

순간, 눈을 뜨는 복순.

98	M.K 사옥 – 민규 사무실	S / N	103 CUT
	민규와 복순의 치열한 마지막 혈투. 복순의 칼에 죽어가는 민규.		

6

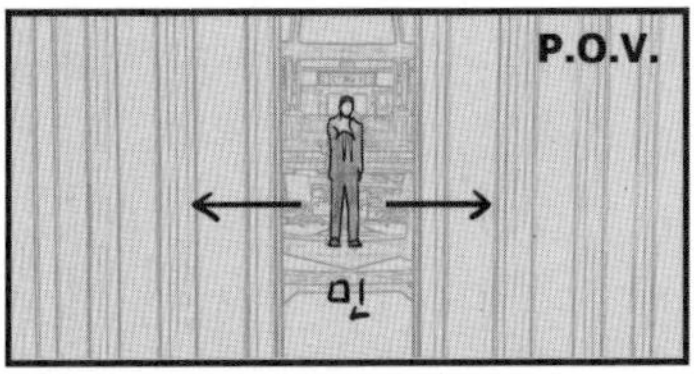

/ 엘리베이터 + 대표실

엘리베이터 문이 열리면서...
정면으로 멀리 민규가 서 있다.

엘리베이터 문이 다 열리기도 전에 복순을 향해 손에 쥔 총을 겨누는 민규. 바로 당겨지는 방아쇠. **"탕!"**

7

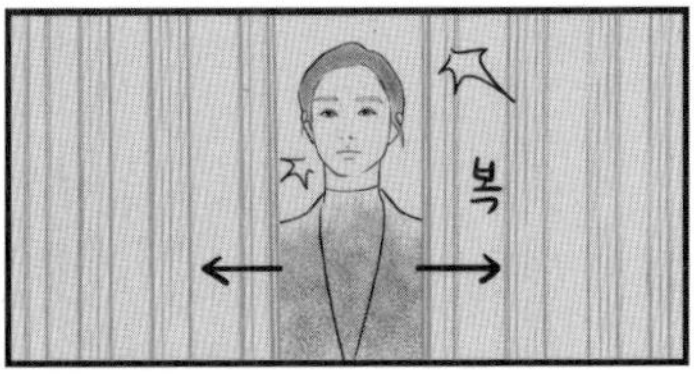

총소리와 함께 엘리베이터 문에 총알 자국이 난다.

8

총을 쏘는 민규, 탕!

9

탕!

10

복순의 주변으로 향하는 총알.

98	M.K 사옥 – 민규 사무실	S / N	103 CUT
	민규와 복순의 치열한 마지막 혈투. 복순의 칼에 죽어가는 민규.		

11

계속 총을 쏘는 민규. 탕!

12

탕!

13

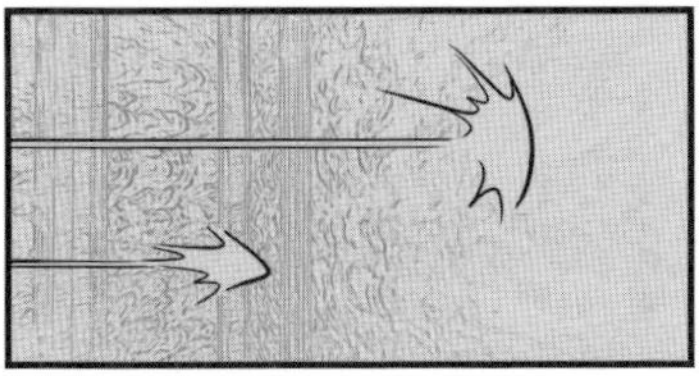

엘리베이터 벽에 총알 자국이 나며 깨진다.

14

그 와중에도 눈도 깜빡이지 않고 자신에게 총을 쏘는 민규를 바라보는 복순.

15

복순 풀샷.

탕! 탕!

98	M.K 사옥 – 민규 사무실	S / N	103 CUT
	민규와 복순의 치열한 마지막 혈투. 복순의 칼에 죽어가는 민규.		

16

방아쇠 당기는 걸 멈추는 민규.
(방아쇠를 당기지만, 총알이 다 떨어진 민규의 총)

17

민규 반응,

18

복순 반응,

19

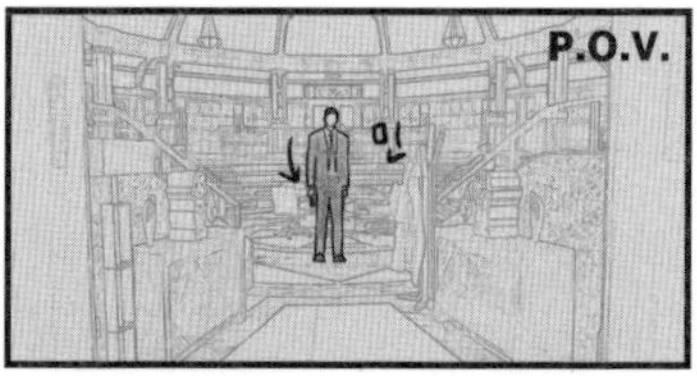

총을 내리는 민규.

20

그리고 이어서 복순의 뺨에 한 줄기 피가 주르륵
흐른다. 총알 중 하나가 복순의 뺨을 스친 것이다

98	M.K 사옥 – 민규 사무실	S / N	103 CUT
	민규와 복순의 치열한 마지막 혈투. 복순의 칼에 죽어가는 민규.		

21-1

엘리베이터에서 내리는 복순.
복순의 뒤로 엘리베이터 문이 닫힌다.

21-2

복순이 민규를 지나쳐 소파 쪽으로 걸어간다.

22-1

이를 바라보는 민규.

22-2

민규도 천천히 바 테이블로 걸어간다.

23-1

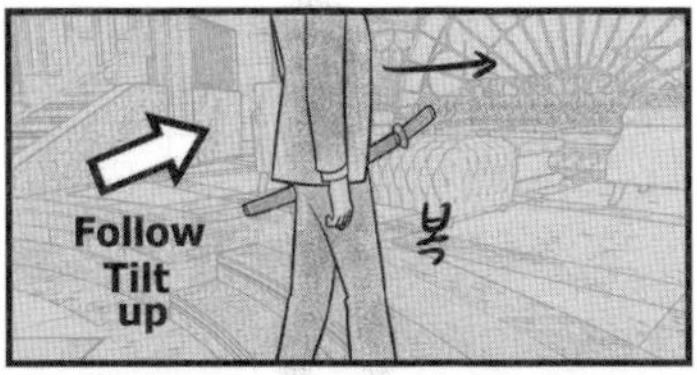

카메라, 복순을 따라 팔로우 틸업,

98	M.K 사옥 – 민규 사무실	S / N	103 CUT
	민규와 복순의 치열한 마지막 혈투. 복순의 칼에 죽어가는 민규.		

23-2

소파쪽으로 걸어가던 복순,

24

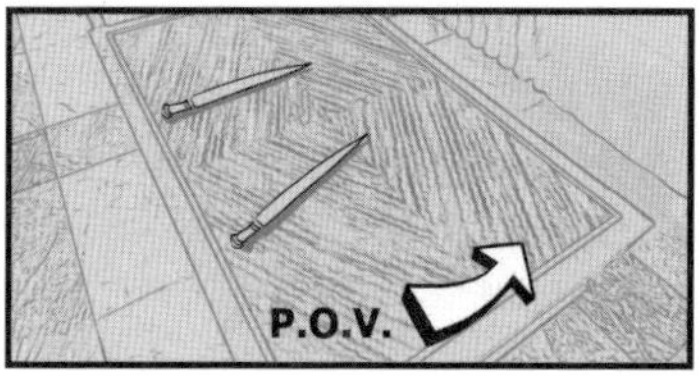

테이블에 나란히 놓여있는 민규의 칼을 본다.

25

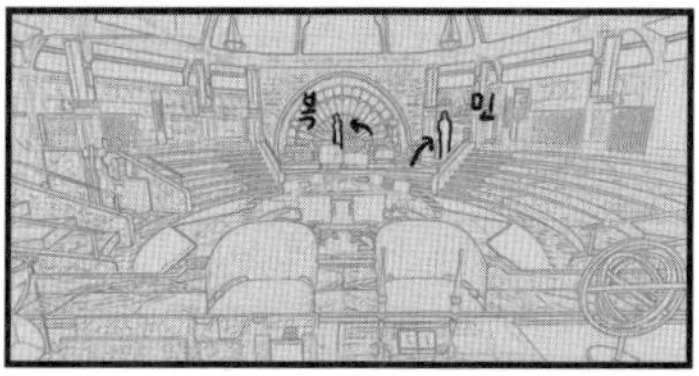

소파쪽으로 걸어가는 복순과, 바 테이블로 가는 민규가 넓게 보여지고,

민규 : 한잔 할래?

26

소파에 앉는 복순.

복순 : .. 차 가지고 왔어요.

27-1

테이블에 권총을 놓고는 위스키 잔에 술을 따르는 민규.

민규 : (잔을 들고 소파로 걸어와 앉으며) **동생이 죽었는데 눈물이 한 방울도 안 나오더라..**

98	M.K 사옥 – 민규 사무실	S / N	103 CUT
	민규와 복순의 치열한 마지막 혈투. 복순의 칼에 죽어가는 민규.		

27-2

민규 : 내가 이 일을 너무 오래 했나 봐.

28

복순 : 선밴 원래 그랬는데..?

29

민규 : 넌?

30

복순 : 예전엔..?

31

테이블 유리에 비친 민규,

민규 : 나도 니가 변했다고 생각했었어. (술 한 모금)
근데 전혀.

98	**M.K 사옥 – 민규 사무실**	**S / N**	**103 CUT**
	민규와 복순의 치열한 마지막 혈투. 복순의 칼에 죽어가는 민규.		

32

민규 : 지금 내 앞에 앉아 있잖아.

33

복순 : ...

34

민규 : 작별 인사는 하고 왔나?

35

복순 : ...

36

민규 : 못 한 거야, 아님 안 한 거야?

98	M.K 사옥 – 민규 사무실	S / N	103 CUT
	민규와 복순의 치열한 마지막 혈투. 복순의 칼에 죽어가는 민규.		

37

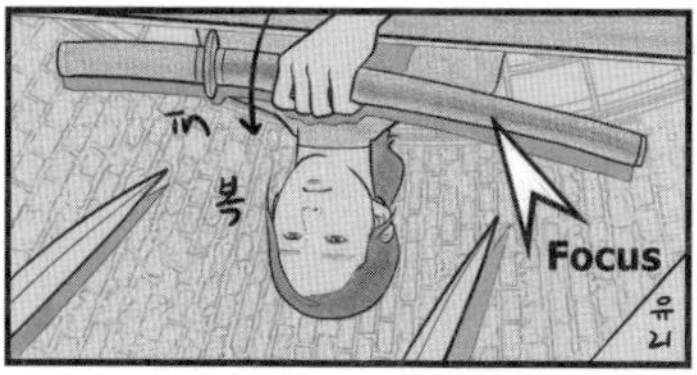

테이블 유리에 비친 복순.
손에 쥔 칼을 꺼내 테이블 자신의 앞쪽에 올려놓는다.

복순 : ... 그러게요.. 우린 변한 게 없네..

38

복순 : 이렇게 서로 마주 앉아 있는 거 보면..

39

민규 : 그깟 종이 쪼가리에 싸인 한 번 하는 게 그렇게 힘든 일이었나..? 나는 너 때문에..

더 이상 말을 잇지 못하고 꾹 참아내는 민규.

40

그런 민규를 빤히 바라보는 복순.

41

민규 : 그 영지라는 아이 때문인가?

98	M.K 사옥 – 민규 사무실	S / N	103 CUT
	민규와 복순의 치열한 마지막 혈투. 복순의 칼에 죽어가는 민규.		

42

복순 : 그 아인 잘못한 게 없다고 내가 했던 거 같은데..

43

민규 : 걔가 없어져야 니 잘못이 없어져.

44

복순 : 이미 일어난 일이 없어지진 않죠.

45

민규 : 아무도 모르면 그게 아무 일도 없는 거야.

46

복순 : .. 내가 아는데..?

98	**M.K 사옥 – 민규 사무실**	**S / N**	**103 CUT**
	민규와 복순의 치열한 마지막 혈투. 복순의 칼에 죽어가는 민규.		

47

민규 반응,

48

복순 : 쪽 팔리잖아요.. 나한테..

49

민규 : ...

50

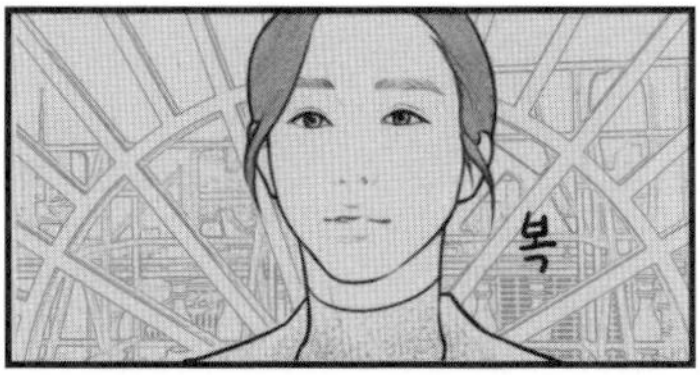

복순 : 원래 양손 안 쓰잖아..

51

민규 반응,

98	M.K 사옥 – 민규 사무실	S / N	103 CUT
	민규와 복순의 치열한 마지막 혈투. 복순의 칼에 죽어가는 민규.		

52

복순 : 오른손인가?

53

민규 반응,

54

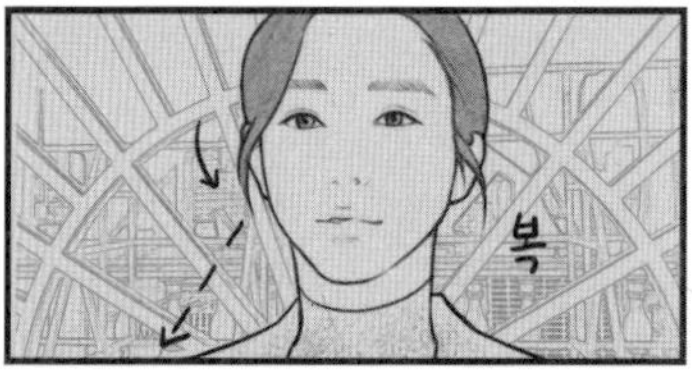

잠시 침묵,
복순, 시선을 내려 테이블 민규의 앞쪽에 놓인 칼 두 개를 바라본다. 그리곤 테이블로 향하는 복순.

55-1

테이블 유리에 비친 민규와 복순.

복순, 테이블에 자신이 칼이 아닌, 민규의 앞에 놓인 양 칼 중 왼편에 있는 칼로 손이 향하고, 이와 동시에 민규도 자신의 앞에 놓인 칼로 손이 향한다.

카메라 포커스 이동.

55-2

복순이 먼저 칼을 잡고, 거의 동시에 민규가 칼을 잡는다.

98	M.K 사옥 – 민규 사무실	S / N	103 CUT
	민규와 복순의 치열한 마지막 혈투. 복순의 칼에 죽어가는 민규.		

56

민규에게 칼을 휘두르는 복순, 뒤로 피하면서 테이블을 발로 차는 민규.

57

Action

복순의 수 싸움,
계속해서 자신의 죽음을 보고 있는 복순.

58

현실로 돌아와서,
술을 마시며, 복순을 보고 있는 민규.

59

미간을 찡그리는 복순.

60

Action

다시, 계속 복순의 수싸 움이 보여지고,

98	M.K 사옥 – 민규 사무실	S / N	103 CUT
	민규와 복순의 치열한 마지막 혈투. 복순의 칼에 죽어가는 민규.		

61

중간 중간, 계속 현실의 민규와 복순의 모습이 보여진다.

잔을 내려 놓는 민규.

62

민규 반응,

63

복순 반응.

64

Action

다시, 복순의 수 싸움.

65

복순 반응.

98	**M.K 사옥 – 민규 사무실**	**S / N**	**103 CUT**
	민규와 복순의 치열한 마지막 혈투. 복순의 칼에 죽어가는 민규.		

66-1

화면이 넓어지면 사무실 곳곳으로 분리된 두 사람의 잔상들이 결투를 벌여서 수 싸움에서 패배해 죽어있는 복순의 모습이 보여지고..

66-2

66-3

마지막 남은 수 싸움에서도 민규에 칼에 의해,

67

죽임을 당하는 복순.

98	M.K 사옥 – 민규 사무실	S / N	103 CUT
	민규와 복순의 치열한 마지막 혈투. 복순의 칼에 죽어가는 민규.		

68-1

수 많은 잔상들,

카메라 붐 다운 하면.

68-2

여전히 소파에 앉아서 복순을 응시하고 있는 민규가 미소 지으며 입을 연다.

민규 : 왜? 수가 안 보이나 봐..?

69

복순 : ...

70

민규 : 내가 어느 손을 다쳤든..
그게 약점이 되진 않을 거야.

복순 : (끄덕) **.. 선배 약점은**

71

복순 : 이미 알고 있어요..

98	M.K 사옥 – 민규 사무실	S / N	103 CUT
	민규와 복순의 치열한 마지막 혈투. 복순의 칼에 죽어가는 민규.		

72

민규 : (피식) **뭔데..?**

73

복순 : 나요.. 길복순..

74

여전히 미소 띤 얼굴로 말없이 복순을 바라보는 민규.

75

복순 : 모른다고 생각했어요..?

76

웃고 있지만 얼굴이 굳어 있는 민규

98	M.K 사옥 – 민규 사무실	S / N	103 CUT
	민규와 복순의 치열한 마지막 혈투. 복순의 칼에 죽어가는 민규.		

77

복순 : 근데 언제부터였어요..?

78

민규, 복순을 처음 만났을 때 모습이 스쳐 지나간다.

79

/ 옛 복순의 집.

53씬의 장면. 자신의 아빠를 죽이고 뒤(민규)를 돌아보는 여고생 복순, (민규의 시점) 순간 첫 만남의 음악이 흐르며... (this guy in love with you)

80

순간, 흔들리는 민규의 눈동자. (고속)

81

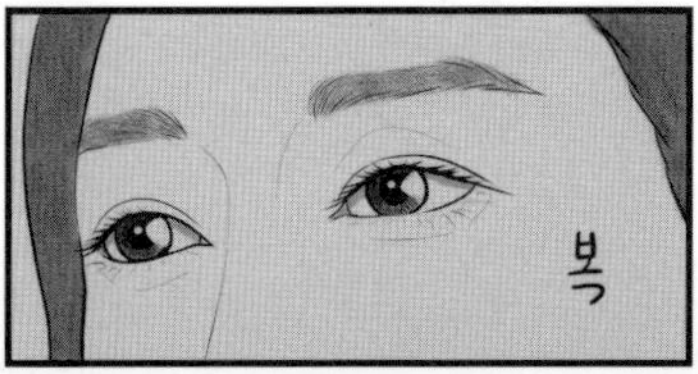

이를 바라보는 복순의 눈 (고속)

98	M.K 사옥 – 민규 사무실	S / N	103 CUT
	민규와 복순의 치열한 마지막 혈투. 복순의 칼에 죽어가는 민규.		

82

시선을 피하는 민규의 눈동자. (고속)

83

Action Ins.

테이블에 칼을 집어 드는 복순의 손. 당황한 민규,
자신의 오른쪽 칼을 집는 민규의 손.
휘둘러진 칼. 인서트들. 여러 액션 인서트들.

84

/ 옛 복순의 집

다시 53씬의 장면. 여고생 복순,

85

Action Ins.

액션 인서트들,

86

/ 옛 복순의 집

멍하니 바라보는 젊은 민규.

98	M.K 사옥 – 민규 사무실	S / N	103 CUT
	민규와 복순의 치열한 마지막 혈투. 복순의 칼에 죽어가는 민규.		

87

복순 : 나 이제 목격자 아니죠?

환하게 웃는 복순의 얼굴.

88-1

이 모습을 멍하니 바라보는 민규.

그러다 미간이 찌푸려지며 밑을 바라보면 민규의 셔츠에서 붉은 피가 서서히 번진다.

88-2

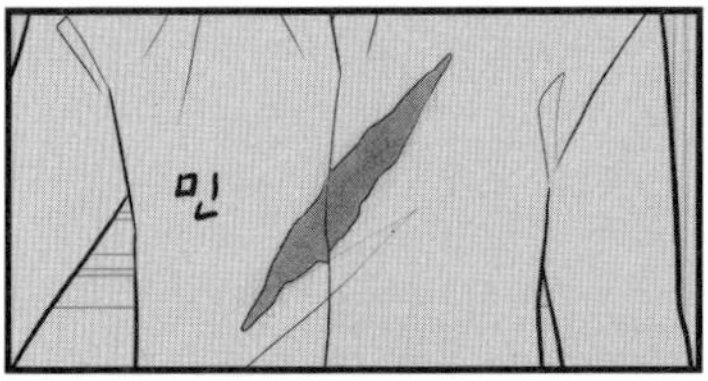

89

다시 현재로 돌아오면,

뒷걸음 치는 민규.

90

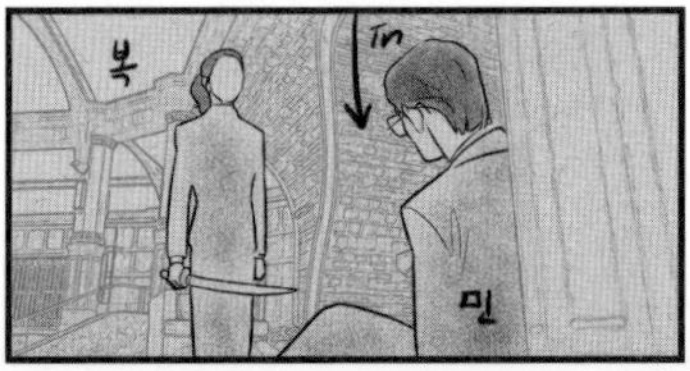

털썩 주저 앉는다.

98	M.K 사옥 – 민규 사무실	S / N	103 CUT
	민규와 복순의 치열한 마지막 혈투. 복순의 칼에 죽어가는 민규.		

91

현재의 민규의 셔츠에도 붉은 피가 배어 나온다.
복순의 칼이 민규를 베었고 민규의 칼은 빗나갔던 것

92

민규 : … 처음 봤을 때부터였어..

93

복순 : … 알아요..

94

민규 : (피식) **나쁜 년..**

쿨럭 기침하는 민규. 기침에 핏방울이 튄다.

95

이를 안타깝게 내려보는 복순.

98	M.K 사옥 – 민규 사무실	S / N	103 CUT
	민규와 복순의 치열한 마지막 혈투. 복순의 칼에 죽어가는 민규.		

96-1

민규, 힘겹게 장갑을 벗고,

96-2

복순에게 손을 내민다

97

복순 반응,

98

민규의 옆에 가까이 앉아, 민규의 내민 손을 꼬옥 잡아주는 복순.

99

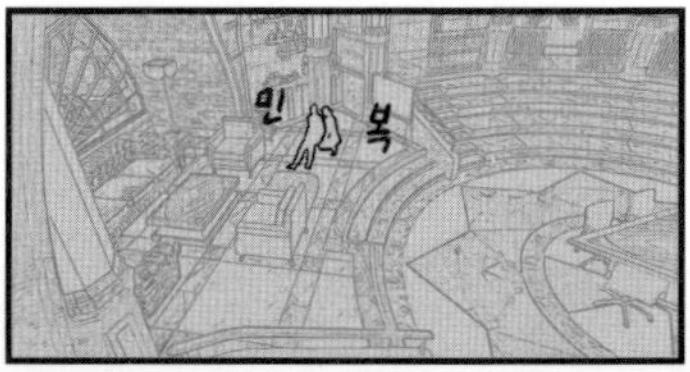

그 모습이 넓게 보여지고.

98	M.K 사옥 – 민규 사무실	S / N	103 CUT
	민규와 복순의 치열한 마지막 혈투. 복순의 칼에 죽어가는 민규.		

100

고개를 숙인 채, 거친 숨을 내쉬며 말하는 민규.

민규 : (거친 숨을 내쉬며) **생각해봤어..**

101

고개 숙인 민규에게 다가가 귀를 기울이는 복순

102

민규 : (아주 작은 목소리로) **니가 죽든.. 내가 죽든..**
뭐가.. 가장..

103

민규의 말에 귀를 기울이는 복순. 민규의 뒷말이 우리에게는 잘 들리지 않는다.

민규의 말에 표정이 변하는 복순 눈동자가 흔들린다. 복순, 고개를 돌려 뒤를 돌아보면...

킬러와 엄마, 그리고

배우와 작가 사이,

전도연은 어떻게

늘 새로운가

〈길복순〉 각본집 대담
배우 전도연, 감독 변성현
주성철 씨네플레이 편집장

제73회 베를린국제영화제 스페셜 부문에 공식 초청된 넷플릭스 오리지널 영화 〈길복순〉(2023)은 변성현 감독의 5번째 장편영화다. 〈불한당: 나쁜 놈들의 세상〉(2017)과 〈킹메이커〉(2022)에 이어 설경구와는 3번째 만남이며, 〈길복순〉의 모든 것이라 해도 틀리지 않을 대배우 전도연과는 첫 번째 만남이다. 〈길복순〉은 변성현 감독의 세계가 계속 확장되고 정교해지고 있음을 보여준다. 불확실성을 안고 새로운 장르에 도전했지만, 오히려 그것은 변성현 감독이 얼마나 다재다능한 연출자인지를 보여주는 증거가 됐다. 그리고 그 중심에는 전도연이라는 존재가 있다.

전도연은 청부살인이 본업이지만 겉으로 보기에는 평범한 이벤트 회사인 M.K엔터테인먼트 소속 킬러 길복순을 연기한다. 한 건의 청부살인을 한 편의 '작품'으로 묘사하는 이 킬러들의 세계에서 길복순은 회사 최고의 '레전드'이지만, 집에서는 질풍노도의 시기를 관통하고 있는 10대 딸 재영(김시아)과의 관계 개선에 서툴기만 한 싱글맘이다. 그런 길복순이 M.K 대표 차민규(설경구)의 재계약 제안을 계속 미루던 중, 회사가 허가한 일은 반드시 시도해야 한다는 규칙을 어기게 된다. 그렇게 길복순은 모든 킬러들의 타깃이 되고야 만다. '전도연 혼자 살아남고 주변 사람 모두 다 죽는' 액션영화를 꿈꾸며 야심차게 시작한 변성현 감독과 배우 전도연은, '킬러 길복순'과 '엄마 길복순' 사이에서 여느 한국영화가 가닿지 못한 새로운 길을 찾아낸다. 신뢰는 어떻게 깨지고야 마는가, 하는 문제를 줄곧 다뤄온 변성현 감독은 레전드 킬러와 초보 엄마 사이에서 갈팡질팡하는 길복순 안으로 '인간 전도연'을 초대한다. 그 인간 전도연은 캐릭터에 생명을 불어넣는 것을 넘어 그 자체가 하나의 장르로 탈바꿈한다. 늘 같은 이야기를 하고 싶은 젊은 감독과 늘 새로운 모습에 도전하고 싶은 베테랑 배우의 만남은, 예상 밖의 놀라운 결과물을 만들어냈다. 그래서 1고로부터 촬영 초 제본고를 지나 현장 대화에 이르기까지, 변화에 변화를 거듭한 각본에 대해 살펴보기 위해 변성현과 전도연, 두 사람을 반드시 한 자리에 초대해야만 했다. 작은 이야기에 살이 붙고 붙어서 한 편의 영화가 만들어지기까지, 그들은 매 순간 함께 했다.

〈길복순〉에 대해 입이 마르고 닳도록 '전도연의 영화'라고 노래한 변성현 감독의 얘기가 결코 과장이 아니었음을, 이제 당신도 알게 될 것이다.

주성철

〈길복순〉이라는 작품을 시작하게 된 계기가 궁금합니다. 변성현 감독과의 만남이 먼저였는지, 아니면 시나리오가 먼저였는지요?

전도연

변성현 감독님과의 만남이 먼저였어요. 〈지푸라기라도 잡고 싶은 짐승들〉(2020)을 끝내고 본격적으로 작품 얘기를 나눴지만, 그전에 이미 서로를 알고 있었죠. 그래서 감독님을 관찰하는 시간이 좀 있었어요. 그리고 그전에 〈불한당: 나쁜 놈들의 세상〉(이하 〈불한당〉)을 정말 좋게 봤어요. 보통 영화 보고 난 뒤에 잘 봤다고 바로 연락하는 일이 거의 없는데, 〈불한당〉을 보고 나서는 설경구 배우에게 곧장 전화했어요. 이 배우가 이런 식으로 새로운 길을 찾았다는 게 정말 신선했어요. 설경구라는 배우와 성공적으로 작업했다는 사실도 저에게는 굉장히 중요했죠.

주성철

그럼 변성현 감독님은 전도연 배우와 함께 하고 싶다는 생각이 먼저였는지, 아니면 킬러이면서 엄마인 여성 주인공 액션영화를 하고 싶다는 생각이 먼저였는지 궁금합니다.

변성현

사실 전 액션영화 자체를 즐기는 사람도 아니었고, 연출하게 될 거란 생각도 해본 적 없어요. 오직 전도연 배우와 함께 하고 싶다는 마음뿐이었죠. 예전부터 인터뷰에서 가장 좋아하는 배우를 물어보면, 전 언제나 전도연, 한석규, 설경구 세 사람만 언급했어요. 제가 전도연의 광팬인 걸 경구 선배가 아니까 서프라이즈처럼 소개시켜주셨어요. 〈생일〉(2019) 촬영 현장에 한번 놀러 오라고 하셔서 간 적이 있는데, 경구 선배하고만 보는 줄 알았더니 도연 선배도 계셨어요. 놀랍기도 하고 정말 긴장됐죠. 그렇게 인사드린 뒤에 〈킹메이커〉 촬영할 때도 연락을 주고받았는데, 그땐 도연 선배가 먼저 연락주신 거였어요. 만나서 얘기할 게 있다고 하시니까 들뜬 마음으로 촬영 휴차일 때 당장 달려갔죠. 보통 저는 촬영 중일 때는 휴차일에 영화 외적인 걸 전혀 하지 않는 편인데, 무조건 약속 잡고 간 거죠. 작품 제안을 주셨던 거였는데, 그것만으로도 영광이었죠. 하지만 전 시나리오를 직접 써서 제 오리지널 작품을 하고 싶은 사람이라, 제가 역으로 출연 제안을 드렸어요. 좋다고 하시더라고요.

주성철

그럼 그때부터 전도연이라는 배우와 무얼 할 수 있을지, 완전히 원점에서부터 고민이 시작된 거네요. 어떤 이야기를 구상하고 거기에 맞는 배우를 찾는 게 아니라, 아예 배우를 놓고 이야기를 만들어 나가신 게 정말 흥미롭네요.

변성현

분명한 건 전도연 배우의 영화 중에서 〈밀양〉(2007), 〈멋진 하루〉(2008), 〈무뢰한〉(2015)을 정말 좋아하는데, 저도 전도연의 필모그래피에 의미 있게 남을만한 영화를 해야겠다고 생각했죠. 하지만 자신도 없었고 막막했죠. 그러다 〈지푸라기라도 잡고 싶은 짐승들〉을 보게 된 건데 전형적인 장르영화와도 잘 어울리신다는 생각이 들면서, 그럼 '전도연이 해보지 않은 장르가 뭘까' 고민하기 시작했어요. 처음부터 킬러 캐릭터를 떠올린 건 아니고, 전도연이 등장하는 액션영화를 해보자, 주변 사람 다 죽고 전도연 혼자만 살아남는 액션영화를 해보자는 게 시작이었죠. 갱일 수도 있고 국정원 전직 요원일 수도 있는데, 가만히 선배의 일상을 지켜보니까 두 가지 삶을 살고 계시더라고요. 엄마로서의 삶과 배우로서의 삶. 그래서 키우는 것과 죽이는 것 사이의 아이러니를 넣으면 좋을 것 같아서 킬러로 가야겠다고 마음먹었죠.

주성철

구체적인 아이디어가 떠오르긴 했으나, 원고는 잘 써졌나요.

변성현

아뇨, 힘들었어요.(웃음) 그 바로 앞에 만든 〈킹메이커〉는 사실 〈불한당〉 이전에 썼던 시나리오거든요. 그래서 사실상 5년 만에 새 글을 쓰는 거나 마찬가지라, 노트북을 펼쳤는데 도저히 어떻게 시작해야 할지 감이 안 잡히더라고요. 보통 엔딩을 정하고 쓰는 편인데 일단 마음 가는 대로 쓰기 시작했어요. 적당히 쓴 다음 도연 선배에게 보여드리고 힌트를 얻으려고 했죠. 그렇게 절반 정도인 40페이지쯤 쓰고 보여드렸는데, 다른 말씀은 없으시고 만나서 술 한잔하자고 하시더라고요. 그래서 만났는데 대뜸 "꼭 내가 아니어도 된다"고 하시는 거예요.(웃음) 자신을 고집할 필요가 없다면서 다른 여배우들 이름을 대기 시작하시는 거죠. 꼭 나와 함께 영화를 해야 한다는 부담을 갖지 말고 자유롭게 갔으면 좋겠다고 하신 얘기였지만, 네 시나리오가 별로라는 얘기인 거잖아요.(웃음) 이미 절반 정도 쓴 상태에서 정말 기분이 나빴어요. 입을 꾹 다물고 집으로 돌아갔던 기억이 나네요.

전도연

그렇게 거기까지만 말씀하시면...(웃음)

일단 시나리오가 잘 그려지지 않았어요. 하기 싫어서라기보다는 그런 장르의 작업을 시도하는 게 처음인 데다, 어떤 감독이 대략의 스토리라인을 세우기 이전에 나 자체를 중심에 놓고 쓰기 시작한 게 처음이라 부담스럽기도 하고 걱정도 됐죠. 변성현이라는 사람이 촉망받는 감독인데 과연 전도연 원톱의 여성 액션영화가 잘 만들어질 수 있을까 걱정되는 거예요. 물론 그런 도전을 해야 한다는 생각에 함께 해보자고 한 거지만, 딱 그때는 감독한테도 그렇고 나에게도 상처가 될 것 같았죠. 이 이야기가 전도연으로 되겠냐는 질문이었어요. 잘할 수 있을까, 아니면 어떻게 피해 갈 수 있을까, 정말 고민이 많았어요. 무엇보다 그때 드라마 〈인간실격〉(2021) 시청률이 워낙 안 나와서(일동 웃음) 자신감과 자존감이 바닥을 치던 때이기도 했고요.

변성현

시나리오가 재미없으셨던 거면서 갑자기 〈인간실격〉을 왜.(웃음) 그 버전을 주변에도 보여줬는데 사실 괜찮은 반응이 별로 없긴 했어요. 그래서 처음으로 돌아가서 다시 쓰는 계기가 됐어요. 원래 저는 초고가 나오면 많이 고쳐 쓰는 편은 아니에요. 그런데 그렇게 절반 정도 썼을 때 진짜 잠깐 멈췄었어요. 멘붕인 상태로 다시 40페이지를 써서 보여드렸는데, 그때는 "같이 열심히 해보자" 하시더라고요. 처음에 건넨 시나리오가 얼마나 재미없었을까, 반성했죠.

주성철

초고로부터 별로 변하지 않는다는 작가 입장에서 사실상 거절 의사를 받은 건데, 그 돌파구는 어떻게 찾으셨나요.

변성현

명쾌한 거절이라고 보기 힘들었지만, 무엇보다 오직 전도연이라는 배우만을 그리며 쓴 건데 '굳이 내가 아니어도 되지 않겠느냐'라는 얘기가 가장 힘들었죠. 돌파구를 찾을 생각조차 못 하고 의욕이 급격하게 떨어져서 그냥 손을 놨어요. 그래도 꼭 다시 하고 싶게 만들겠다는 오기는 있었고요. 그러다 새로 쓴 절반으로부터 다시 대화가 시작된 거죠. 계속 도연 선배가 얘기하신 부분들이 있어요. 복순이 도끼를 휘두르는 모습이라던가, 액션을 하면서 갑자기 사람을 밧줄로 감는 장면은 지문으로도 있는데, 그게 도통 안 그려지신다는 거죠. 그런데 사실 저도 액션 연출이 익숙하지 않고 머릿속 그림을 실현하는 방법을 잘 모르니 서로 차차 찾아가며 가보자고 합의를 봤어요.

주성철

이후 구체적으로 어떤 과정을 거쳤나요.

변성현

<인간실격>이 완전히 끝나고는 본격적으로 시나리오를 분석하셨죠. 최종 완고를 보내드렸을 때가 기억나는데, 도연 선배가 시나리오에서 마음에 안 드는 부분을 일일이 핸드폰으로 다 찍어서 보내주신 거예요.(웃음) 여긴 이래서 촌스럽고 여긴 또 뭐가 문제고, 그렇게 대사나 지문을 가리키는 손가락도 다 찍혀 있어서 얼마나 빵 터졌던지. 사실 그런 피드백을 받아본 게 처음이라 '이게 뭐지?' 했죠. 그런데 그러면서 제 마음이 많이 풀렸어요. 진짜 꼼꼼하게 봐주신 티가 나더라고요. 진짜 열심히 해야겠다는 생각이 번쩍 들었죠. 그때부터는 글이 잘 안 풀리면 도연 선배 사무실을 종종 찾아갔어요. 평소에 딸과 어떻게 지내는지, 실제로 어떤 대화를 나누는지 계속 물어봤죠. 선배가 일어서서 자유연기하듯 막 연기하셨고 거기서 좋은 대사가 많이 나왔어요. '방금 뭐라고 하셨죠? 조금만 천천히 다시 얘기해주세요' 하면서 받아 적으며 수정해 나갔죠. 그런 과정을 거친 다음 조형래 촬영감독님에게 시나리오를 다시 보여줬더니 굉장히 좋아졌다고 하더라고요. 잘 바뀌었다고 얘기한 부분들이 거의 다 선배님이 얘기해주신 대사들이었거든요. 그런데 다 저 혼자 쓴 것처럼 했죠. 그때는 아무래도 스태프들의 존중을 받아야 할 시점이라.(웃음)

전도연

돌이켜보면 그 장르의 이야기에 익숙하지 않아서, 게다가 감독이 나라는 사람을 중심에 놓고 써나갔다는 것이 사실상 처음이어서 불안했던 것 같아요. 그러다 문득 내가 새로운 걸 해보겠다는 생각에 변성현이라는 감독을 만난 건데, 어떻게 모든 것이 익숙하고 완벽한 상태로 시작할 수 있을까, 스스로 되돌아보는 계기도 됐죠. 도전하기로 했으면서 안전하기만을 바랄 순 없는 거죠. 한 번쯤 내가 불편해도 받아들여 보면 어떨까, 요구하는 것들을 이전보다 더 많이 받아들이면서 믿고 가보면 어떨까, 라는 생각에 마음을 다잡고 저 역시 새로 시작했어요.

주성철

'작품 선택의 기준이 무엇인가요?'라는 다소 뻔한 질문에 배우들이 '시나리오'라고 답하는 일은 무척 흔한 일인데요. 전도연 배우의 경우에는 그 시나리오 자체가 작품을 선택하는 기준에 있어 어느 정도의 비중을 차지하는지 궁금합니다.

전도연

저도 그래요. 가장 큰 비중을 차지하죠. 어려서부터 시나리오가 이야기의 시작이자 결과물을 책임지는 절대적인 비중이라고 생각했어요. 오랜 시간 작업하다 보니까 시나리오에서 벗어나서 만들어지는 무언가는 없구나, 라고 더 크게 느껴요. 그러다 보니 갈수록 더 시나리오를 꼼꼼하게 보는 것 같아요. 예전처럼 촬영 현장에서 부딪혀 본다는 개념이 사라져 가고 있기 때문에 배우로서 더 그렇게 되는 면도 있죠. 그래서 촬영 들어가기 전에 부족함 없이 토론을 해야 하고 활발하게 의견을 내야 해요. 현장에서는 그걸 보다 구체화하는 작업에 집중하는 거고요. 이제는 모든 것이 준비된 상태로 촬영에 들어가야 한다는 게, 배우에게도 마찬가지예요.

주성철
감독님께서는 이번에 최종 본편과 동일한 시나리오가 아닌 촬영 초 제본고를 출판하기로 하신 이유가 있을까요.

변성현
그게 재밌을 거 같았어요. 완성된 영화와 비교하며 어떻게 바뀐 건지 볼 수도 있고요. 몰랐는데 〈불한당〉 초고가 인터넷에 돌아다니더라고요. 그걸 보고 연락도 많이 받았어요. 정말 이런 내용이었냐, 이건 왜 이렇게 바뀌냐고 물어보시는 분도 있고 재밌었죠. 그래서 이번에 거의 1고에 가까운 버전을 내기로 한 거죠.

주성철
초반부에 장르적으로 인상적인 대사들이 많습니다. 특히 M.K라는 킬러 그룹의 규칙과 관련된 내용들인데요. 〈길복순〉이라는 영화의 블랙코미디적인 성격을 규정하기도 하죠. 가령 7년 전에 차민규(설경구)가 M.K 지하 방공호 회동에서 "살인 한 번이면 참을 인 세 번을 면한다."라는 말을 처음 하죠. 이 대사는 어떻게 떠올리셨는지 궁금합니다. 그리고 M.K의 규칙을 얘기하면서 차례로 자막이 나오며 "첫째, 미성년자는 죽이지 않을 것. 둘째, 회사가 허가한 작품만 할 것. 셋째, 회사가 허가한 작품은 반드시 트라이할 것"이라는 말로 이어집니다. 이 규칙 또한 어떻게 구상하셨는지 궁금합니다.

변성현
네, 시나리오 쓰기 시작하며 초반에 정한 설정이죠. 이 장르의 컨벤션을 명쾌하게 보여주며 시작할 필요가 있었어요. 언제나 이 장르에서는 주인공이 바로 그 규칙을 어기면서 조직에 쫓김을 당하는 거니까요. 그런데 〈길복순〉에서는 '어, 그 규칙을 어겼는데도 괜찮네?' 하고 살짝 비트는 것까지 하고 싶었죠. 규칙을 지키지 않아서 일전을 치르는 게 아니라, 딸과의 관계에 있어 지극히 사적인 이유로 마지막 일전을 치르는 거여서, 복순에게 그 규칙보다 더 중요한 게 있다는 걸 보여주고 싶었어요.

규칙을 쭉 열거할 때 '복순이 저걸 당연히 어기겠구나' 싶은데, '어겼는데도 괜찮네?' 했다가 딸에 대한 심경 변화라는 지극히 사적인 이유로 싸우게 되는 모습을 보여주고 싶었어요. 그래서 그런 규칙과 컨벤션을 아예 대놓고 강조하면서 갈 필요가 있었죠.

주성철

떡볶이집에서 민규와 복순이 재계약 논의를 하다가, "선배나 나나 어차피 죽으면 지옥 갈 사람들이에요. 그래서 우리가 기도를 안 하잖아"라고 말한 다음 "내가 죽인 놈들이 다 죽어 마땅한 놈들은 아니었겠죠?"(복순), "내가 이 일 하면서 알게 된 확실한 한 가지는… 세상에 꼭 안 죽여야 될 정도로 좋은 사람은 없다는 거야."(민규), "반대로 꼭 죽어야 될 나쁜 놈들이 있기는 하죠."(복순)라고 대화가 이어지는데, 이 또한 촬영했지만 편집된 장면으로 보입니다. 이런 장면들이 편집된 이유 자체도 궁금하긴 하지만, 근본적인 질문은 이렇습니다. 시나리오에 있고 촬영도 했지만 편집한 장면과, 시나리오에 있지만 아예 촬영하지 않은 장면은 분명히 다른데요. 거기에는 어떤 기준이나 원칙 같은 게 있을까요.

변성현

떡볶이집에서 두 사람의 대화는 정말 좋은데, 아무래도 좀 길었어요. 사실 저는 지금까지 영화 하면서 촬영하고 편집으로 덜어내는 분량이 사실상 아예 없었다고 할 정도로 적어요. 얘기하신 '시나리오에 있지만 아예 촬영하지 않은 장면'이 최소로 있는 편이죠. 꼭 들어가는 것만 찍는다는 주의거든요. 그런데 리듬상 주고받는 대사들이 좀 길었어요. 김상범 편집감독님이 걷어낸 부분도 꽤 있는데, 저도 그게 맞다는 생각이 들었죠. 오히려 시나리오에 있지만 아예 안 찍은 장면들은 후반부에 좀 있는 편이죠. 촬영하면서 내내 이 영화의 마지막 대사는 딸이 엄마에게 건네는 "수고했어" 한 마디면 충분하다고 봤거든요.

주성철

시나리오와 최종 완성된 영화의 차이에는 편집도 큰 영향이 있습니다. 그런 점에서 데뷔작을 빼고 〈나의 PS 파트너〉(2012)부터 줄곧 김상범 편집감독과 함께 하고 있는데요. 박찬욱 감독의 파트너이기도 한 그는 한국을 대표하는 편집감독이죠. 그와 작업하는 것도 그 차이에 어떤 중요한 영향을 미친다고 볼 수 있을까요.

변성현

김상범 편집감독님에게 가기 전에 2주 정도 혼자 작업하고 넘기는 편인데, 어떤 감독이든 그렇겠지만 최종적으로 완성되기 전에 제 버전과 편집감독의 버전이 따로 있죠. 〈불한당〉은 거의 제 버전이었던 것 같은데 〈길복순〉은 김상범 편집감독님의 버전을 많이 따른 작품이에요. 아마도 함께한 작품들 중에서 가장 많이 따랐던 것 같아요. 김상범 편집감독님은 배우가 잘 보이게끔 1초나 2초를 주는 방법을 기막히게 잘 아시는 분이에요. 심지어 내가 NG라고 생각한 부분도 정말 잘 살려내시죠. 가령 후반부에 민규와 복순이 터널에서 대화할 때 "네가 계속 M.K 소속이어야 내가 너를 지킬 수 있어"라는 간질간질한 대사를 하는데요.(웃음) 그때 복순이 "와.. 감동적이다. 혹시 손수건 있나?"라고 말한 뒤에 막 환하게 웃다가 노려보는 장면이 있어요. 전 그게 NG 컷이라고 생각했거든요. 조명도 마음에 안 들었고요. 그런데 김상범 편집감독님이 그걸 고르셨어요. 그게 첫 테이크이긴 했어요. 저는 보통 첫 테이크의 경우는 디렉션을 따로 안 주고 배우가 하고 싶은 대로 하게끔 지켜보는 편인데요. 김상범 편집감독님은 그 표정이 더 좋아서 고르셨다고 하더라고요. 제 디렉션을 받지 않은 전도연의 표정이 더 좋았던 거죠. 그런 걸 정말 잘 캐치하시는 것 같아요. 편집을 큼지막하게 손보시는 게 아니라 "조금조금 만졌어"라고 웃으며 얘기하시는데, 그 차이가 정말 커요. 매번 정말 공력이 다르신 분이구나, 하고 감탄하게 되죠.

주성철

전체적으로 시나리오와 완성된 영화를 비교하면, 완성된 영화의 길복순이 좀 더 부드러워졌다는 느낌을 받았어요. 가령 공항에서 민규가 복순에게 전화를 걸어서 학교 다녀온 일에 대해 묻는 장면에서, 복순은 "누가 내 머리에 총이라도 한 방 갈겨줬으면 좋겠는데"라고 말하며 "지쳐요, 엄마도 계약기간이 있었으면 좋겠는데"라고 토로하죠. 시나리오에는 "그냥 싹 다 죽여버리고 해결되는 문제면 좋을 텐데"라는 보다 극단적인 대사입니다. 어쩌면 이 대사 하나의 변화가 시나리오 초반의 복순과 영화상의 복순의 중요한 정서적 차이로 느껴졌는데, 특별히 이유가 있었을까요?

변성현

도연 선배는 촬영 들어가기 전에 자신을 막다른 곳에 몰아넣고 시작하신다는 느낌을 받았어요. 배우로서의 자신감을 완전히 제거하고 '난 이걸 할 수 없어', '아무리 애써도 못해낼 거야'라고 스스로 구덩이를 판 다음 빠져나오신다고 해야 하나. 촬영 들어가기 전까지도 "난 복순을 못 할 것 같아, 복순이 누군지 지금도 감이 안 잡혀"라는 말씀을 많이 하셨어요. 킬러로서 위기에 놓인 모습, 엄마로서 지친 모습 등이 겹치면서 복순이 어떤 사람이고 어떤 불안 속에 사는지 정말 긴 시간 토론했죠. 복순이라면 말하지 않을 것 같은 대사, 입에 잘 붙지 않는 대사는 바꾸면서 계속 찾아 나갔어요. 시나리오에 대해 이만큼 배우랑 깊게 얘기한 작품은 처음이었던 것 같아요. 가령 경구 선배는 "나 이거 좀 바꿔줘" 하시고는 끝이에요. "그럼 어떻게 할까요?"라고 물으면 "그건 네가 알지 내가 아냐?" 그런 식이거든요. 그래서 상대적으로 경구 선배에게는 다른 생각 못 하게 하려고 그렇게 바뀐 대사를 현장에서 바로 드려요. 보자마자 바로 하는 게 늘 좋은 배우가 설경구예요. 반면 도연 선배는 미리 충분히 얘기를 나누고 촬영에 들어갈 때 베스트가 나오죠.

전도연

한번은 제가 대뜸 변감독님한테 "복순이라는 사람은 일관성도 없고 너무 이상한 것 같아요"라고 말씀드린 적이 있어요. 그랬더니 감독님이 바로 "선배님도 그래요" 그러더라고요. (일동 웃음) 사실 내가 나를 객관화해서 보기 힘든데 제3자가 보는 전도연이 그런가, 하는 생각이 들기도 했죠. 아무튼 '길복순'이 변성현이라는 감독이 전도연을 염두에 두고 만든 캐릭터라면, 내 말투나 습관이나 그런 걸 자유롭게 투영시켜 보면 되겠다고 생각했죠. 내가 모르고 다른 사람들도 모르는 나의 모습, 일할 때의 모습이나 사적인 공간에 있을 때의 모습 다 보여주고 싶었어요. 변감독님의 시나리오는 대사가 좋은데 투박할 때가 있어요. 그걸 말하기 편하게 바꾼 게 가장 중요한 과정이었죠.

주성철

복순과 영지(이연)가 함께 오의원의 아들을 죽이러 갔을 때, 갑자기 재영의 전화가 와서 받는 장면이 있는데 결정적으로 시나리오에는 왜 전화했냐는 복순의 물음에 재영(김시아)은 "아니.. 그냥.. 엄마.." 정도로 말하다가 마는데, 영화에서는 "엄마, 미안해"라고 분명하게 미안하다고 얘기합니다. 두 사람이 한바탕 말싸움을 하고 난 뒤에 딸이 먼저 전화를 건 건데요. 엄마와 딸의 관계 설정과 정서 변화라는 측면에서, 이 또한 굉장히 중요한 변화라는 생각이 들어서 여쭤보고 싶습니다.

변성현

제가 언제 그런 걸 느꼈냐면, 한번은 선배가 실제로 딸과 다투는 걸 본 적이 있어요. 처음에는 "딸한테 잘해줄 필요가 없어"라고 막 화를 내시다가 딸이 다시 전화가 와서 "미안해"라고 하니까, "내가 더 잘했어야 되는데"라며, 갑자기 막 본인 자책을 하시더라고요. 사실 그런 게 저는 잘 모르는 감정인데요,

바로 그런 선배를 보면서 써야겠다고 생각했죠. 아이 때문에 스트레스를 잔뜩 받은 상태로 밖에서 일하고 있는데, 그 한마디에 사르르 녹는 모습을 내 눈앞에서 목격했으니까요. 그냥 미안하다는 한마디에 모든 화가 누그러지는 건데, 영화에서도 그 "미안해" 한마디 때문에 죽여야 할 사람을 안 죽이기로 결심하는 거거든요. 시나리오 쓸 때도 말이 많았어요. 복순이 왜 오의원의 아들을 갑자기 안 죽이는 건지 이해가 안 된다는 거죠. 알고 보니 그 아들이 재영의 학교 친구여서 안 죽이는 거라면 이해가 되는데, 도통 아무런 이유가 없다는 거예요. 특히 남자들은 진짜 이해하지 못하더라고요. 그런데 저는 그런 미묘한 한마디가 감정을 송두리째 바꿔놓을 수 있겠다고 봤어요. 전도연의 표정으로 설득시킬 수 있을 거라 생각했고, 반대하는 사람들도 많았지만 그냥 갔어요. 딸의 "미안해"라는 한마디에 엄마가 몇십 년간 해온 일을 안 하게 만들 수도 있는 거죠.

주성철

민규와 복순과의 관계에 대해 여쭤보려는데요. 플래시백으로 복순과 민규의 과거 첫 만남 장면에서 살짝 대사 변화가 있습니다. 시나리오에는 복순이 의자를 발로 차서 아버지를 죽이고는 "이제 나 목격자 아니죠?"라고 말하는데, 영화에서는 같은 행동을 한 뒤 "이제 아저씨가 목격자다"라고 웃으면서 바꿔 말하죠. 복순의 캐릭터를 설명하는 데 있어 이것도 작지만 꽤 의미 있는 변화 같습니다.

변성현

"이제 아저씨가 목격자다"라는 말은 '이제 네가 죽어야 될 수도 있잖아'라는 의미도 담고 있어요. 그렇게 얘기하는 게 복순의 성격에 더 잘 맞는 것 같았어요. 그래서 디에이징 기술을 써서 도연 선배에게 직접 10대의 복순 연기를 시킬까도 생각했어요. 그런데 〈캡틴 아메리카: 시빌 워〉(2016)의 '아이언맨' 로버트 다우니 주니어가 부모님이 살해되기 전 마지막 기억을 떠올리는 장면에 디에이징 기술로 10대 모습으로 나온 적이 있는데, 이상하게 이질감이 있더라고요. 할리우드도 그렇고 아직은 여전히 어색한 것 같아서 그만뒀죠. 재밌는 건 각각 전도연, 설경구의 어린 시절을 연기한 박세현, 이재욱 두 배우가 선배들 흉내를 내며 성대모사를 하더라고요.(웃음) 박세현 배우에게 혹시 도연 선배 말투 흉내 내는 거냐고 물었더니 '맞다'면서 정말 연구를 많이 해왔더라고요.

주성철

이어서 민규와의 관계 설정을 어디까지 가져가느냐, 하는 문제가 생기는데요. 그전에 민희가 자극해서 현장을 떠나려던 복순이 영지와 첫 대결을 하게 됐을 때, 시나리오에서는 민규가 대표실에서 CCTV 모니터로 보면서 귀엽다는 듯 피식 웃으며 "하여간 승질머리하고는…" 하고 쳐다보는 장면도 있습니다. 말하자면 시나리오에는 복순과 관계된 장면에 민규가 마치 전지적 작가 시점처럼 불쑥불쑥 끼어드는 장면이 꽤 많은데, 최종 영화에서는 많이 빠졌죠. 이것도 어떤 이유가 있을 것 같은데요.

변성현
사실 다 시나리오대로 촬영한 장면들이긴 한데, 편집을 하다 보니 중반부 지나면서 복순을 더 따라가고 싶은데 민규가 계속 방해하며 끊는 느낌이 들었어요. 그런 대사 없이 바로 싸우는 게 좋겠다는 생각이 드는 거죠. 민규가 끼어드는 장면은 찍다 보니 잘못된 설정 같았어요. 그래서 실제로 촬영했는데 쓰지 않은 장면들이죠. 그런데 그게 복순에 대한 민규의 속마음을 표현하는 장면들이어서 경구 선배는 "좋은데 왜 뺐냐"고 하셨지만, 계속 이어지는 복순의 감정을 멈추는 듯한 느낌이 들어서 그런 결정을 내렸죠.

주성철
허브 앨퍼트의 'This guy's in love with you'라는 노래가 민규와 복순의 첫 만남과 마지막 만남에 나옵니다. 과거와 현재를 이으며 두 사람의 관계, 민규의 변함없는 마음을 잘 보여주는 굉장히 역설적인 제목의 절묘한 선곡인데요. 시나리오에 이미 표기된 음악인데, 보통 이런 선곡은 시나리오를 쓸 때 미리 정해두고 가시나요.

변성현
저는 기존 음악을 거의 안 쓰고 그냥 스코어로 하는 편이에요. 〈불한당〉 때도 선곡한 곡이 몇 곡 있긴 했는데 비싸기도 해서 포기했죠. 사실 'This guy's in love with you'는 원곡을 알았던 게 아니라, 제가 좋아하는 오아시스의 노엘 갤러거가 이 노래를 커버해서 부르는 걸 본 적 있어요. 글 쓸 때 계속 들었던 곡이기도 하고, 마음에 들어서 선곡하고 싶었는데 오아시스 버전은 너무 비쌌고, 대신 원곡자가 있다는 걸 알고 그걸 썼죠.

주성철
희성을 비롯한 다른 킬러들이 복순을 공격할 때, 나무 의자가 부서지면서 복순이 슬로 모션으로 나무 파편을 잡아 공격하는 장면이 있는데, 영화에서는 이때 복순의 미소가 보입니다. 그런데 두 분의 예전 인터뷰를 보면, 전도연 배우는 이때 미소를 보이는 게 좀 이상하다고 하셨고, 변성현 감독은 그 미소가 들어가야 한다고 고집하셨다고 했죠. 그래서 과연 시나리오 지문에는 어떻게 돼 있을까 궁금했는데, 딱히

이 장면에서 복순의 표정 묘사가 없더라고요. 최종적으로 어떻게 결정된 건지 여쭤보고 싶습니다.

변성현

시나리오 쓸 때는 별생각이 없다가 나중에 콘티 할 때 떠오른 장면이죠. 집 안에서건 밖에서건 이야기가 굉장히 치열한 가운데, 복순이 일을 즐기는 순간이 있었으면 좋겠다고 생각했죠. 물론 도연 선배도 복순에게 그런 순간이 있었으면 좋겠다고 생각하시긴 했는데, 그 타이밍은 아니라고 생각하셨던 것 같아요. 저는 기본적으로 〈길복순〉을 블랙코미디라고 생각했고, 너무나도 긴박한 상황 속에서 복순이 마치 CF 주인공처럼 예쁘게 웃는 장면이 들어가, 일을 즐기는걸 보여주는 타이밍이 바로 그때라고 생각했어요. '피는 못 속인다'는 걸 보여주는 장면이기도 하고요. 그런데 사실 도연 선배뿐만 아니라 촬영감독, 조명감독, 프로듀서 전부 공격당하는 순간에 갑자기 왜 웃는 거냐며 이상하다고 했어요. 저는 복순이 '이상한 사람'인 게 컨셉이라고 했죠.(웃음) 그래서 일단 모두를 안심시키기 위해 웃지 않는 버전으로 추가 촬영을 하긴 했어요. 그래도 속으로는 무조건 웃는 장면을 쓰겠다고 생각하긴 했지만.

전도연

결과적으로 많은 사람들이 좋아하는 장면이 되긴 했는데, 감독님 말씀처럼 저는 그 타이밍이 아니라고 봤어요. 일을 즐기는 것과 집중하는 것은 서로 다를 수 있거든요. 게다가 배우 입장에서는 그게 너무나도 찰나의 순간인데 몸을 한 바퀴 돌리면서 연기해야 할 게 많았어요. 너무 느리게 보여지는데 순간 활짝 웃어야 하고, 돌면서 나무 파편도 잡아야 했어요. 그런데 나무 파편이 CG로 들어가게 될 거라 손을 딱 그 자리에 대야 해요. 어긋나면 합성이 안 될 수도 있거든요. 짧은 순간 그렇게 많은 걸 생각하며 연기하게 되면, 힘을 쓰는 순간에 인상을 찌푸리게 되는 경우가 많고 활짝 웃는 표정이 나오기 힘들어요. 그런데 감독님이 그 장면의 정서가 그래야 한다며 너무 좋아하시니까.(웃음)

주성철

시나리오와 완성된 영화 사이에서 가장 의미 있는 변화는, 역시 후반부에 엄마와 딸의 긴 대화라고 생각됩니다. 복순이 힘든 싸움을 하고 돌아와 재영이 친구 소라(임재인)와 헤어진 얘기를 길게 나누는 장면이 있는데, 어쩌면 영화에서 두 사람의 대화가 가장 긴 장면이죠. 뭐랄까, 킬러인 엄마와 레즈비언인 딸로서 각자 무언가를 숨기고 살아갈 수밖에 없는 사람들의 대화죠. “네가 잘못한 게 없는데 왜 숨기고 살아야 돼?”라는 복순의 대사도 중요하고, “엄마도 무슨 일 있지?”라며 딸이 엄마를 걱정하는 전환도 좋고요. 그리고 시나리오에서는 떳떳하고 싶었다는 재영에게 복순이 “멋있네, 길재영”이라고 했는데, 영화에서는 “멋있네, 내 딸”로 바뀌었어요. 한편, 계속 이어지는 장면으로, 재영이 복순의 가방에서 총을 본 적 있다며 엄마가 혹시 국정원에서 일하는 거 아니냐고 했을 때, 시나리오에서는 복순이 화장실 들어가기 전에 “진짜 총 쏴 본 적 있어?”(재영), “응, 사격 연습할 때”(복순) 그런 대화를 나누고 화장실로 들어가는데, 영화에서는 도망치듯 복순이 화장실로 들어가 그런 대화를 나누며 울컥하는 장면이 있습니다. 이 또한 시나리오와 비교하면 굉장히 정서적으로 다른데요.

변성현

엄마와 딸의 대화 장면이 처음부터 너무 힘들었어요. 전 아이도 없고 남자인 데다 아들만 둘인 집에서 자랐고, 별로 대화도 없는 무뚝뚝한 집안이라 도연 선배에게 전적으로 의지한 장면이죠. 앞서 얘기한 것처럼, 노트북을 들고 일단 도연 선배를 찾아갔어요. 좀 더 자세히 말씀드리면, 그때 도연 선배가 거의 프리스타일 래퍼처럼 엄마와 딸 1인 2역을 하며 대사들을 쏟아내셨죠. (웃음) 딸이 이렇게 하면 난 이렇게 할 거고, 그렇게 얘기하시는 것들을 받아 적은 거예요. 거의 6-7시간 동안 그렇게 즉흥연기 하신 걸 모아서 간추려 쓴 거죠. 그 대화씬의 콘티를 그리긴 했지만 영화에서 콘티대로 안 간 유일한 장면이기도 하고요. 사실 전 콘티 신봉주의자라 마스터샷도 거의 안 찍고 리허설도 잘 안 해요. 그런데 그 장면만큼은 콘티와 무관하게 대략적인 동선만 잡은 뒤, 엄마와 딸이 가운데 소파를 두고 등 대고 앉은 상태에서 리허설을 진행했어요. 콘티대로 안 하고 도연 선배랑 김시아 배우한테 일단 한 번 해봐달라고 해서 카메라가 쫓아가는 방식으로 촬영한 거죠. 리허설을 한 뒤에 그냥 바스트 정도의 투샷으로 가는 게 가장 좋겠다, 괜한 허세 부리지 말고 그렇게 배우들의 연기로 꽉 채우는 게 낫겠다는 생각이 들었어요. 최대한 배우들의 감정을 건드리지 않는 방향으로 갔고, 두 배우 모두 너무 잘해줘서 좋았어요. 개인적으로는 결국 영화에서 가장 마음에 드는 장면이 됐죠.

전도연

저도 그런 식의 작업이 처음이라 걱정되기도 했지만 정말 재밌었어요. 평소에 감독들이 시나리오를 어떻게 쓰는지에 대한 궁금증도 있었는데 작게나마 참여한 것이기도 하죠. 각자의 자리에서 전쟁을 치르듯 힘들게 살아가는 엄마와 딸의 대화인데, 엄마도 마음을 열었고 딸도 "엄마도 힘들었겠다"고 처음으로 이해해 줘요. 엄마의 직업을 착각한 것이긴 하지만, 그 순간만을 기다려 온 것일 수도 있죠. 실제 엄마인 나의 바람이 담긴 대사이기도 하고요. 그리고 그 집에서의 대화씬 말고도 그 이전에 학교에 불려 갔다가 나오면서, 딸과 말다툼을 하는 장면이 있는데요. 복순이 "너 이 학교 한번 나가면 돈으로 쳐 발라도 다시 못 들어와. 니가 이런 학교 다니다가 공립학교 다닐 수 있을 거 같애?"라고 하니까, 딸이 "속물 같애"라고 말하거든요. 그런 대사들도 제가 얘기한 것이긴 하죠. 그래서 그날 감독님에게 엔딩크레딧에 '각색'으로 저를 넣어달라고 했어요. (웃음) 결국 최종적으로 반영이 안 되긴 했는데, 얘기하다 보니 억울하기도 하고, 이번에 각본집 나올 때는 제대로 써주면 좋을 거 같네요. 각색이 안 되면 윤색이라도.(웃음)

변성현
"멋있네, 길재영"을 "멋있네, 내 딸"로 바꾼 것도 도연 선배예요. 정서적으로 그 차이가 굉장히 커요.

전도연
'내 딸'이라는 느낌도 중요해서 강조하고 싶었어요. 뭔가 그런 것이 계속 변화하는 복순의 마음을 잘 보여준다고 생각했어요. 그리고 복순은 내 딸이 나보다 더 나은 사람이었으면 좋겠다는 바람을 기본적으로 가지고 있는데, 그런 부분도 더 드러내고 싶었죠.

주성철
드디어 영화의 마지막은, 일을 마치고 돌아온 복순에게 재영이 "수고했어"라고 말하고 웃는 듯 우는 듯 묘한 표정을 짓는 복순의 단독샷으로 끝납니다. 그리고 그게 끝이 아니라 쿠키 영상도 있죠. 배우들 엔딩크레딧이 '전도연'부터 '그리고 황정민'까지 이어진 다음, 오의원의 사망 소식이 뉴스로 흘러나오는 쿠키 영상이 시작되죠. 재영이 "친구한테 작별 인사 좀 하려고요"라고 말한 뒤 학교에 가서 소라와 비밀 대화를 나누며 영화가 진짜 끝나요. 시나리오에서는 복순과 재영이 함께 TV를 보면서 나란히 과자를 먹는 평화로운 장면이 마지막입니다. 그전에 복순이 성소수자에 관한 책을 꼼꼼히 읽는 장면도 있습니다. 최종적인 라스트 장면을 현재의 영화처럼 가게 된 이유는 무엇인가요.

변성현
전 처음부터 "수고했어요"라는 말로 끝내고 싶었고, 뒤에 쿠키 영상처럼 이어지는 장면을 넣고 싶지 않았어요.

그건 제작자와도 의견이 갈렸는데, 그 장면에서 김시아 배우의 연기가 너무 좋아서 넣긴 했죠. 사실 〈나의 PS 파트너〉 이후 저와 계속 함께 해오고 있는 제작자인 이진희 대표님과 의견 차이가 생기면 보통 제 의견을 받아주시는 편인데, 그때만큼은 강력하게 무조건 들어가야 한다고 말씀하시더라고요. 함께 일하면서 그 정도로 세게 말씀하신 건 아마 거의 처음이었던 것 같아요. 그래서 "알겠어요"라고 대답하긴 했지만, 사실 김상범 편집감독님과 작전회의를 해서 최종적으로 뺄 생각이었어요.(웃음) 그런데 도연 선배도 그 장면을 좋아하셔서 결국 들어가게 됐죠.

전도연

영화의 그 마지막 쿠키 영상에서, 신기하게도 재영의 얼굴에서 복순이 보여요. 아, 길복순의 딸이 맞구나, 라는 게 딱 보이고 뭔가 마침표가 제대로 찍히는 느낌이어서 정말 좋았어요. "수고했어"라고 인사를 건넨 딸이 답답하다며 평소와 달리 자기 방문을 닫지 말고 열어두라고 하니까, 엄마 복순 입장에서는 정말 만감이 교차하거든요. 저도 복순의 그 오묘한 얼굴로 영화를 끝내고 싶은 욕심도 있었지만, 복순의 딸이 마지막 장면의 주인공이 되는 게 맞다고 봤어요.

변성현

엄마와 딸이 평화롭게 TV를 보는 장면은, 너무 전형적인 엔딩 같아서 글을 쓰면서도 싫었지만 딱히 아이디어는 떠오르지 않아서 그렇게 둔 거였죠. 그러다 막상 촬영 들어갈 때쯤 "수고했어"라는 말로 영화를 끝내야겠다는 생각이 들었어요. 엄마가 읽고 있는 성소수자에 관한 책도 원래는 어떤 책으로 해야겠다고 마음먹은 게 있었고, 마찬가지로 딸이 엄마를 이해하기 위해 책을 읽는 장면도 이전 시나리오 버전에는 있었어요. 엄마를 국정원 요원으로 착각해서 책꽂이에 FBI나 CIA, 그리고 암살자 어쩌고 하는 책들이 꽂혀있는 거였죠.(웃음) 엄마와 딸이 서로 마음을 열고 이해하기 위해 만든 장치들이었는데, 어느 순간 다 필요 없다는 생각이 들었죠.

주성철

이제 이야기를 마무리해야 할 것 같은데요. 변성현 감독님은 언제나 〈길복순〉을 '전도연의 영화'라고 얘기해오셨는데, 이렇게 긴 시간 대담을 진행하고 보니 그 표현의 핵심에 대해 확실히 알게 된 것 같습니다.

변성현

맞아요, 전 언제나 〈길복순〉은 전도연의 영화라고 생각해요. 처음부터 끝까지 전혀 변함없이 그랬고요. 본격적인 '받아쓰기'를 한 건 그때였고, 그 외에도 밥 먹고 술 먹으며 짧게 짧게 많은 순간들이 있었죠. 얘기해 주실 때마다 좋은 건 받고 안 좋으면 '전 잘 모르겠어요' 하면서 반영을 안 하기도 했고요. 전에 경구 선배가 그런 얘기를 하신 적 있어요. "지금껏 내가 본 감독이란 너무 피곤한 직업이다. 배우들이 뭔가 물어보면 바로 답이 나와야 한다. 그런데 변성현 감독은 그렇지 않다. '어떻게 할까요?' 하고 물으면 '모르겠는데요'라는 말이 너무 자연스럽게 나오는 감독이다" 썩 기분 좋은 얘기는 아니었는데(웃음), 이번 〈길복순〉은 제게 숙제가 많은 영화였고 "이럴 때 복순은 어땠을까요?"라며 배우에게 의지하며 물어볼 게 많은 영화였죠. 사실 전 연기에 대해 배우에게 잘 물어보지 않는 편인데, 길복순은 내가 머리에서 창조한 캐릭터가 아니라 '인간 전도연'을 상정하고 쓴 거라 실제 전도연이 답하는 그 모든 게 정답인 캐릭터거든요. 그래서 그렇게 물어보는 게 자연스러웠죠. 제가 본 전도연은 본인에게 있어 어떤 이득을 따지기보다, 뭔가 마음이 움직이면 과감하게 버리고 선택하는 사람이에요. 나 자신에게 쪽팔리는 사람이 되기 싫다는 건데, 그게 이 영화의 주제이기도 하죠. 사실 저도 평소에 그렇게 생각하는 사람인데 전도연은 그보다 몇 단계 더 높죠.

전도연

저에 대해 너무 많이 아는 사람처럼 얘기하시니 부담스럽긴 한데(웃음), 나보다 나를 잘 아는구나 싶고 이렇게 감독을 통해 나를 알아가는 것도 흥미롭긴 해요. 평소에도 변감독님이 이처럼 집요하게 배우를 중심에 두고 치밀하게 관찰하며 작업한 경우가 처음이라고 하시니, 부담 아닌 부담이 되긴 했지만 길복순과 전도연의 경계를 허물고 연기한다는 것이 궁극적으로는 저를 굉장히 편하게 만들어줬어요. 돌이켜보면 나한테 또 언제 이런 행복한 시간이 올까, 누가 나를 이렇게 집요하게 궁금해해서 캐릭터를 창조해 낸다는 게 또 가능할까, 배우로서 로망이라고 할 수 있는 그런 일이 이제 마지막일 수도 있겠다는 생각이 들어 아쉽긴 하지만, 전 정말 복 받은 배우라고 생각해요. 배우로서 매번 어떤 인물을 만들어 낼 수 있을까, 계속 새로운 것에 도전하고 싶은데 과연 그게 성공적으로 충족될까, 계속 고민하며 살아가는데 나에게서 나도 모르는 나를 누군가 발견해 준다는 것이 정말 짜릿하죠. 〈길복순〉은 저에게 그런 영화였어요.

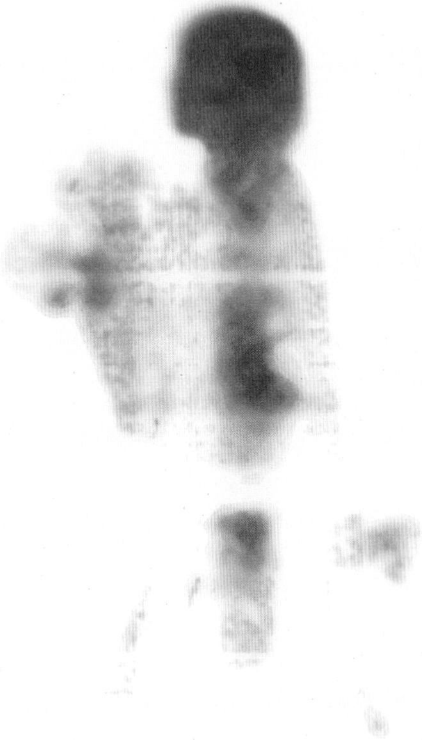

길복순 각본집
Kill Boksoon SCREENPLAY

초판 1쇄 발행: 2024년 3월 16일
제공: 넷플릭스, 주식회사 씨앗필름
저자: 변성현
펴낸곳: 플레인아카이브
펴낸이: 백준오
편집: 이한솔
디자인: 프론트도어
교정: 이보람
지원: 장지선
프로덕션 디자인 자료 제공 및 글: 한아름
스토리보드: 장강희
액션콘티 제작 및 출연: 장재욱, 김용진, 김주용

출판등록: 2017년 3월 30일
제 406-2017-000039호
주소: 경기도 파주시 회동길 336-17, 302호
이메일: cs@plainarchive.com
가격: 43,900원
ISBN: 979-11-90738-62-0 (03680)

영화를 간직하는 가장 아름다운 방법,
플레인아카이브는 영화에 대한 애정과
존중으로 출판, 블루레이와 DVD,
OST 음반 등 물리매체 전반을 아우르는
다양한 프로젝트를 진행하며 좋은 영화를
아름답게 간직하고픈 이들과 만납니다.

플레인아카이브의 책들
길복순 각본집
콘크리트 유토피아: 아카이브 북
D.P. 시즌2 각본집
다음 소희 각본집
소울메이트 각본집
약한영웅 Class 1 대본집 세트
소울메이트: 메이킹 다이어리
미성년 각본집
작은 아씨들: 정서경 대본집 세트
비상선언 각본집
아가씨의 순간들